10円で年商を2倍にする方法

伊藤佳恵

Eveil
エベイユ

まえがき

10円で年商を2倍？

タイトルを見てこの本を開かれたあなたは、きっと、どうやったらそんなに低コストで年商が上がるのか、とドキドキしながらこの本を開かれていることでしょう。

私も、実際にやってみるまでは、こんなことで年商が上がっていくなんて嘘だと思っていたくらいです。

ところが、実際にファックス一本で、新聞等に掲載され、それを利用することによって、私の会社の年商は3年で2倍になりました。

こんなに低コストでできる方法なのですから、ぜひともあなたの会社でも取り入れていただいて、年商を伸ばしていただけたらと思い、この本を書かせていただいています。

必ず、商品は生産されたところから、問屋を通って販売店に運ばれ、そして消費者へと販売されます。あるいは、インターネット等を通じて注文を受け、生産者から消費者へと運ばれます。

ですから、私たち運送会社は間違いなく必要とされています。しかし、その対価としていただける運賃は利益が出るか出ないか、ぎりぎりの線で仕事を受けざるを得ない場合が多く、ニーズはあるのに利益は出ない、という矛盾を感じたまま仕事をしている会社が多いのではないでしょうか。

もし、あなたの会社の経営が苦しい状態であるのにもかかわらず、経営者であるあなたがきちんとした対策を講じずに、いつか景気が上がってなんとかなるさ、などと考えて待っているとしたら、いつのまにか会社の資金は底をつき、会社はなくなることでしょう。残ったのは借金と悔しさだけ、ということにもなりかねません。

そうならないためには、労力を惜しまず、「会社の売上げを拡大する」ことを最大目標にして日々努力することしかないのですが、その努力の方法がわからない、やり方がわからない、と嘆いていらっしゃる経営者の方々が多いのも事実です。

私も、もしこの「プレスリリース」というものに出会わなかったら、何をすればいいのかわからず、荷主（お客さん）を獲得することも出来ず、すでに会社はなくなっていたかもしれません。しかし、「プレスリリース」に出会ったことによって、私自身も大変身を遂《と》げ、会社も著《いちじる》しく成長することができました。

そして2014年11月、私は「**全日本運送業マスコミ活用戦略経営推進協議会**」という一般社団法人を立ち上げ、代表理事に就任しました。

小規模な企業や個人事業主の方々に私が見つけた「プレスリリースを使って会社の売上げを伸ばす」方法を伝授したいと思って設立したものです。

かつての私と同じように、「どうすれば会社の売上げに貢献できるか」と日々悩み、悪戦苦闘されているあなたに、この本でプレスリリースとは何か、プレスリリースの威力、プレスリリースの可能性――などをひとつずつわかりやすくお伝えすることで、あなたの会社の「売上げを伸ばす」ことに少しでも貢献できれば嬉しく思います。

目次●１０円で年商を2倍にする方法

第8章　小企業のためのプレスリリースの伝道師へ

第1章

成功したプレスリリース第一号案件

■カラー写真つき5段記事に

2011年9月5日、私の会社が新聞に掲載されました。新聞記事の内容は次のようなものでした。

【エコキャップ運動　荷主にも協力要請　伊藤ハウス】

「ユニック社を使用した建材輸送をメーンに行う伊藤ハウス（伊藤長年社長、愛知県田原市）では、社会貢献運動の一環として、ペットボトルのエコキャップ回収活動を実施。今後は荷主企業にも協力を呼び掛け、社会貢献の輪を広げていきたい考えだ。

回収運動は、ペットボトルと分別し再資源化することで二酸化炭素（CO2）排出量の削減と環境保全につながるほか、リサイクル業者に売却して得られたお金が発展途上国の子供達のワクチン購入費に役立てられている。

「まず身近なことから社会貢献を始めたい」と考え、昨年末から回収をスタート。

本社事務所や田原営業所、車庫などに回収ボックスを置き、社員に協力を呼び掛けた。

各拠点で集めたキャップは田原営業所で一つにまとめられ、ワクチン支援の活動を行う団体に送られる。これまでに回収したキャップは2100個に上り、16キログラムのCO_2削減につながるという。

伊藤佳恵・荷役事業部長は「この運動をきっかけに、新たな社会貢献活動も行いたい」と話している。


掲載されたのは、物流業界では名の知れた業界紙の『物流ウィークリー』（物流産業新聞社発行）です。第12面の上から4段目から縦長5段分のスペース、文字数にして420字の新聞記事です。私がエコキャップの回収ボックスにキャップを入れる様子を写したカラー写真つきの記事でした。

私がプレスリリースをつくり、新聞社に掲載してもらえるようにアプローチしていることは、社長を除けば誰も知りませんでした。それだけに、記事を見て、「うちの会社が新聞に載っている!!」と従業員一同、大喜びです。

一番喜んだのは社長でした。

新聞に掲載されたことで、従業員のモチベーションが一気に高まったのは言うまでもありません。

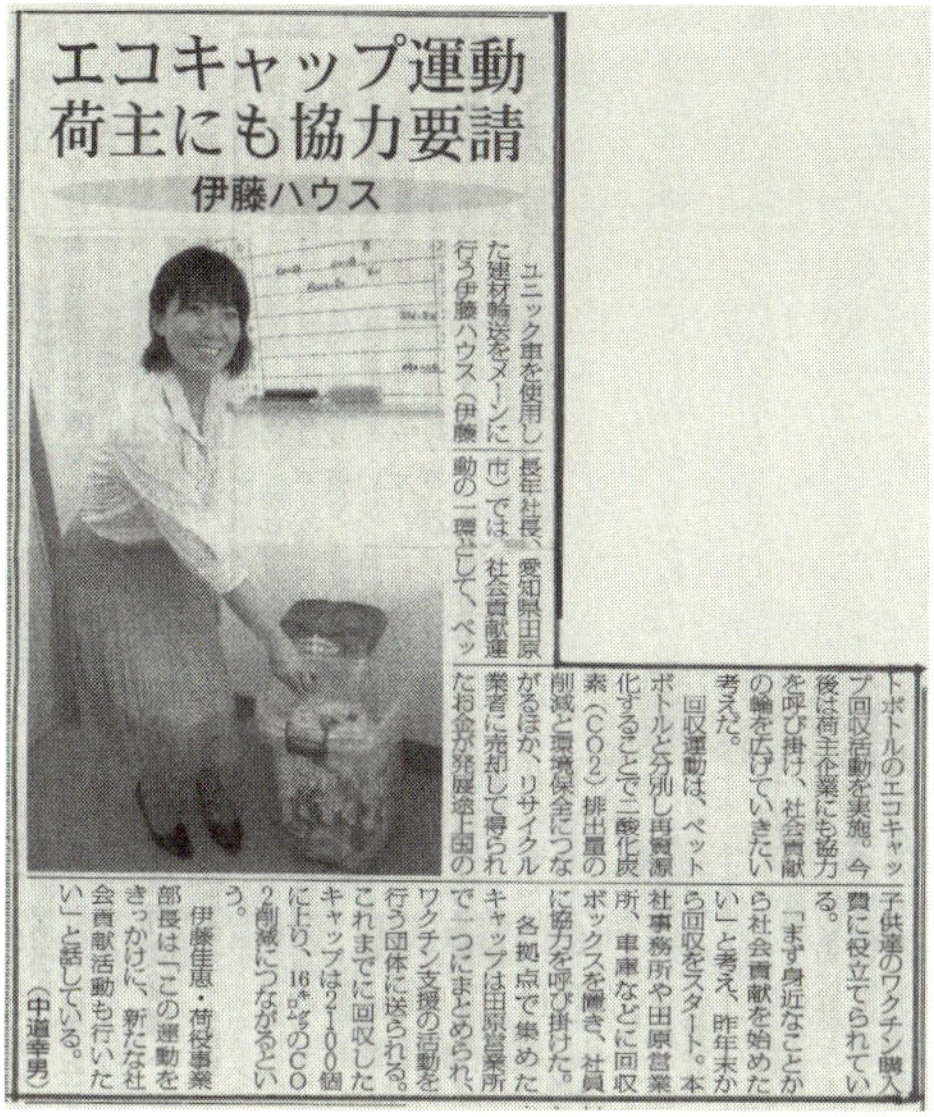

エコキャップ運動
荷主にも協力要請

伊藤ハウス

ユニック車を使用した建材輸送をメーンに行う伊藤ハウス（伊藤長年社長、愛知県田原市）では、社会貢献運動の一環として、ペットボトルのエコキャップ回収活動を実施。今後は荷主企業にも協力を呼び掛け、社会貢献の輪を広げていきたい考えだ。

回収運動は、ペットボトルと分別し再資源化することで二酸化炭素（CO2）排出量の削減と環境保全につながるほか、リサイクル業者に売却して得られたお金が発展途上国の子供達のワクチン購入費に役立てられている。

「まず身近なことから社会貢献を始めたい」と考え、昨年末から回収をスタート。本社事務所や田原営業所、車庫などに回収ボックスを置き、社員に協力を呼び掛けた。

各拠点で集めたキャップは田原営業所で一つにまとめられ、ワクチン支援の活動を行う団体に送られる。これまでに回収したキャップは2100個に上り、16キロ㌘のCO2削減につながるという。

伊藤佳恵・荷役事業部長は「この運動をきっかけに、新たな社会貢献活動も行いたい」と話している。

（中道幸男）

物流ウィークリー（2011年9月5日）掲載

取引先からも「新聞、読んだよ。載ってたね」と、嬉しい反応が毎日飛び込んできました。

はじめてプレスリリースの成果が出たことで、私のプレスリリース制作に対する想い一気に高まり、同時に自信も生まれました。

集客について、学び始めて1

年ちょっと経った頃のことです。

それまでは学んでいたとはいえ、実際に結果が出ているとは言えず、学ぶことにお金を使いながらも、本当にこんなことをやっていて大丈夫なのだろうか……私はお客さんを獲得するなんてことは出来ないのではないだろうか……と思い出していた頃のことでした。

しかし、このプレスリリースをきっかけに、その後、毎月のように私の会社は新聞に掲載されるようになり、そして年商がどんどん上がっていったのです。

この章では、初めて私の会社が新聞に掲載されたときのことを、ネタの作り方から順を追ってお話ししていきます。

■従業員や取引先にも協力してもらえる

まず、なぜプレスリリースのネタがエコキャップだったのでしょうか。

私は「うちの会社がアピールすることができるのは何だろう」「どんなニュース（ネタ）を提供すれば、新聞社は興味を持ってくれるんだろうか」と、まだ何も書き込まれていないA4版1枚のプレスリリースを目の前にして、必死にネタ探しをします。

朝起きて夜寝るまで、時間を見つけてはあれこれと考えました。

まず、私が最初に考えたのは、大きなことではなくてもいい、お金をかけず、社会貢献ができるようなこと――でした。

私の子供たちが通っている学校でたまたまペットボトルのキャップ（蓋）を集めていました。そのキャップはリサイクルすることで得られる利益を発展途上国の子どもたちに送ることに使われています。

これはエコキャップ運動と呼ばれ、２００５年からはじまったものでした。その目的は、発展途上国の子供たちにポリオワクチンを贈るための寄付活動です。「地球環境問題」「資源活用」「国際貢献」などが活動のテーマにもなっています。２００６年1月設立の「エコキャップ推進全国連絡協議会」（２００7年4月には「エコキャップ推進協会」へ改名）が２００8年2月にはＮＰＯ法人として認証され、２０１０年には毎月1億個のキャップが収集されるようになったと聞いています。

この時期、子供たちの学校もこの趣旨に賛同してキャップを集めていたのです。私も自宅で集めたペットボトルのキャップを子供たちに渡して学校に持たせていました。言い換えれば、私も子供たちを通してこのエコキャップ運動に参加していたことになります。

これがひとつのヒントになり、会社でもできないだろうかとひらめきました。

社長以下従業員全員ががんばって仕事している中で、みんなの負担になるようなことはしたくない。でも、何かしたい。しかも、お金もかけず、日常の業務に支障がでないようにできることは何か。制約が多い中での模索を続けます。

そして見つけたのが、会社としてエコキャップ運動を行うことでした。これだと会社のみんなも参加できる。２０１０年12月のことです。

このトピックがのちにプレスリリースのネタへとつながるわけですが、これはまだ私がプレスリリースに出会う前のことでした。

■ 材料は揃った、すぐ新聞社にＦＡＸ

エコキャップは日常的に手にする飲料用のペットボトルのキャップを捨てずに、集めておくだけです。こういうちょっとしたことでできる活動であれば、従業員の協力も得やすいと思いました。キャップを入れるボックスは誰でも気軽に利用できるように、本社事務所の入り口の一角だけでなく車庫にも置きました。

私どもの会社を何かの用事で訪れる取引先の人やその関係者も「これ、何？」と聞いてくれます。私が「エコキャップ運動を始めましたので、よろしく」と説明すると、自然と快く協力してくれるようになります。取引先の会社がこれを聞きつけ、当社のドライバーにキャップを持たせてくれることも多々ありました。

数が少なければ社会貢献のための収益を得られませんが、従業員や取引先の協力もあり、キャップが少しずつ増え、半年くらいでボックス（35リットル容器）にいっぱいのキャップが集まりました。

プレスリリースのネタ探しに躍起になっていたとき、会社で行っているこのエコキャップ運動のことを思い出しました。

「これをネタにしよう」

そう思って、プレスリリース化に取り組みました。

それがこれです。私はこのとき、「これはきっといい新聞記事のネタになる」という確信がありました。

このプレスリリースを作成したのは、日付にもあるように２０１１年（平成23年）8月23日です。

新聞社４社（一般紙２紙、業界紙２紙）に向けてプレスリリースを発信しました。結果的に、１社から取材申込みあり、そのあと、新聞記事になりました。プレスリリース第一号案件であり、はじめて新聞に掲載された記念すべき記事です。

私の送ったプレスリリースに目を留め、連絡をいただいたのは、『物流ウィークリー』紙でした。これまでに一度もお付き合いなどなかった新聞社ですが、これをきっかけにして、以後も長いおつき合いに発展した新聞社でもあります。

掲載されたのが２０１１年9月５日ですから、プレスリリース作成からわずか２週間後、取材を受けてからは12日後の掲載です。

プレスリリースをつくる場合、書式はどうしようか、何枚くらいつくればいいのか、読んでもらえるポイントはどこか——など、いろいろ悩まれることでしょう。

でも、ご安心ください。

まず、書式はそれほど難しいことではありません。基本的に「ひな型」があるからです。事前に用意したA４用紙１枚の「ひな型」（Ｗｏｒｄ作成）に書きこむだけでつくることができます。

[redacted]新聞社　御中
ご担当者様

H23年8月23日
有限会社　伊藤ハウス
TEL　0531-37-5911
取材担当者　伊藤佳恵

報道用資料

エコキャップ運動で社会貢献活動実施

愛知県田原市にて運送会社をしております。

当社では昨年12月より、社会貢献活動の一環として、ペットボトルのキャップを回収する運動に参加しています。従来、ゴミとして焼却、埋立処分されていたペットボトルのキャップを分別回収することにより、資源の再利用・CO2の排出量削減・環境保全・発展途上国の子供たちのワクチン代として役立てられます。

始めたきっかけは、子供が通う学校での取り組み通して知りました。この取り組みを会社全体で行おうと昨年より実施しております。身近なペットボトルのキャップとあって従業員たちも積極的に回収に参加してくれています。

回収BOXを本社・営業所内の事務所・作業場・車庫に設置し、社員がいつでも気軽に社会貢献できる場を設けました。現在田原営業所に設置してある容器がもうすぐいっぱいになります。この容器で2100個のキャップが回収予定されており、約16537.5gのCO2発生を防止することができます。

年内には回収BOXがいっぱいになる予定です。

これからも社会貢献活動の場を広げていきたいです。


この情報を多くの皆様に伝えて役立ててほしいと思っていますので、ぜひ取材にいらしてください。

有限会社　伊藤ハウス
田原営業所
〒441-3416
愛知県田原市東赤石5-67
TEL　0531-37-5911
FAX　0531-37-5912
担当　伊藤佳恵（いとうよしえ）

用紙の上から順に、「宛先」「タイトル」「内容」「あいさつ文」「発信元」という5つの項目が設定（レイアウト）してあり、そこに書きたい内容の文字をパソコンのキーボードで書き込むだけで済みます。

文字の種類や大き

さも変更したり、内容を書き込むスペースを拡大したり縮小したり、あるいは上下左右にずらしたりすることも自由です。

プレスリリースの書き方は次章（第2章）で詳しく説明しています。

私がつくった「プレスリリース」と、実際に掲載された「記事」を比べてみてください。事実関係など内容はほぼ同じですが、記事では新聞社らしい表現になっています。プレスリリースで書いた内容が一字一句、同じように新聞に載るわけではありません。

どうしてでしょうか。

答えは簡単です。プレスリリースを受けとった新聞社の記者がわが社に取材にやってきて、私から聞きだした情報をベースに、記者が独自の書き方で記事に仕上げるからです。

さすがにプロは違います。バックに多数の読者が控えている以上、新聞社はどの読者にもわかるような書き方（記事の構成や表現）で取材記事を仕上げます。

■ 新聞社からの連絡、そして取材

新聞社から連絡があったのは、ＦＡＸを流した翌日の朝でした。

「今日、取材に行きたいのですが」「急なことで失礼ですが、午後一番でも大丈夫でしょうか」と新聞社の記者の方が聞いてこられました。

「わかりました。大丈夫です。何とか時間を確保します」と答え、受話器をおきました。わずか数分のことだったと思います。

あまりにもとんとん拍子に事が進んでしまい、本当に取材にきてくれるのかと不安でしたが、時間がたってから「本当なんだな」と落ちつきを取り戻しました。

そして次の瞬間、「どうしよう」「準備しなければ」とあわてました。

実は、丹念にプレスリリースをつくりあげたのでそこそこの自信もあり、新聞社から連絡がくることを祈っていながらも、ＦＡＸを送ったあとは気が抜けたようになっていました。

そういうところに突然連絡がきたわけです。ひそかに期待はしていたけれど、まさかこんなに早く連絡がこようとは予想していなかったので驚きました。

普通に考えれば、朝電話がかかってきて、お昼過ぎの来社の約束をＯＫするというのは、どの会社でもスケジュール上、けっこう大変なことです。でも、私は頭の中で、「こんなめったにないチャンスを逃すことはできない」と、すばやく結論をだしました。

何はおいても、取材を受けることが最優先です。せっかく声をかけてもらったのだから、無駄にはしたくない。

そういう気持ちでした。

すぐに自宅にとって返し、取材応対で失礼のないように服装を着替えて、また会社に戻ってきました。そして、プレスリリースをつくったときに、そばにおいていた資料類を一式そろえ、取材記者が来社するのに備えました。

記者からどういう質問がくるのか、その質問に対してどう答えればよいのか、いろいろ想定して、紙に書いたり、頭の中で練習したりしました。

待っている間は本当に落ちつきませんでした。

結局、取材は4時間にもおよびました。

■記者に伝わるプレスリリースの工夫と熱意

プレスリリースを作成し、それをFAXで送り、反応してくれたのは4社のうち業界紙1社だけでしたが、それでもプレスリリースの手ごたえをしっかりと感じた出来事でした。

あとでわかりましたが、一般紙にとってエコキャップ運動というのは目新しいトピックではなかったようです。

運送会社が行っているエコキャップ運動だからこそ、運送会社向けの業界紙がすぐに目を留めてくれたのではないでしょうか。

掲載記事を見て、うまく書いてくださったなあ、というのが第一印象です。

当社にとってはじめて新聞に掲載された記事でしたが、こういう記者にめぐり合えて幸運でした。

私の方も、新聞社にネタを提供し、それが取材に結びつくように、数字などのデータをプレスリリースに盛りこむように努めました。実際の取材でも用意したデータについてお話しするのは当然ですが、やはり取材前のプレスリリースでポイントとなるデータ類は入れておいてよかったと思います。

新聞記事になるかどうか、記者がどういう風にプレスリリースを読んでくれるかは、こうした情報が最初からプレスリリースにあるのとないのとではかなり違ってくると思います。

ただ、記者に伝わるプレスリリースの書き方とは何かなど、この時点ではまだ十分でなかったと思います。ただ、「はやくプレスリリースを会社のためになるツールにしたい」という想いだけは強く持っており、その気持ちだけで日々プレスリリース制作に励んでいたのも事実です。

他の人には負けないだけの「熱意」だけはありました。

プレスリリースをつくって新聞社に送り、それをきっかけに取材が実現し、記事が掲載されることというのは小さい会社には無縁だと思われる方もおられるかもしれません。

そんな根拠もない勝手な思い違いをされているのであれば、とてももったいない話です。

実際、わが社のように小さな会社でも新聞に掲載してもらうことができたのです。

掲載された新聞記事を見て従業員の意識が変わりました。小さな会社に勤めていても、「新聞に掲載される会社に勤めている」という誇りが生まれたようです。

子供には「パパの会社が新聞記事なったんだよ」

子供からは「本当だ。パパの勤めている会社だ」

従業員のみんなは家族に自慢でき、子供に誇らしく話すことができました。

取引先には「新聞に載ったこの会社で私は働いているんだ」と堂々と話せます。

得られるメリットは膨大《ぼうだい》でした。もう私はプレスリリースをやらずにはいられなくなっていました。

第2章

プレスリリース制作の心構えとネタ発掘

■ 会社と新聞社を結びつけるツール

プレスリリースとは、新聞や雑誌、テレビなど、いわゆる「マスコミ」に向けて情報を発信することによって、自社に対するマスコミの関心を高めるツールです。

このプレスリリースという言葉を分解すると、プレス（ｐｒｅｓｓ）は報道機関、リリース（ｒｅｌｅａｓｅ）は公開・発表することです。文字通り、「マスコミ向けに情報発信すること」という意味になります。

情報とは、話題性に富むトピックのことです。トピックは「会社」の事業や出来事に関することだけではなく、社長や従業員などの「個人」がもっている特有の話題も含まれます。

そうした情報をマスコミがもっと知りたいと思えば、あなたの会社に取材を申し込んできます。うまくいけば、それが記事になって新聞や雑誌に掲載されます。あるいは、テレビで放映されます。

プレスリリースとは、会社と新聞社を結びつける重要なツールなのです。

プレスリリースと聞くと、このような声が必ず出てきます。


「どうやってプレスリリースをつくったらいいの？」

「プレスリリースは何のためにやるの？」

「新聞社は大手企業しか相手にしてくれないのでは」

「小さな会社でもできるの？」

「ウチの会社は取材されるような特別の取り組みも情報もない」

「プレスリリースって、何だか難しそう」


プレスリリースを前にして、こうした不安や素朴な疑問がわくのも当然のことです。それは、プレスリリースをつくる「目的」がご自身の頭の中でハッキリと定まっていないからです。また、プレスリリース制作にあたっての「手順」が具体的にイメージできていないからだと思います。

プレスリリースをつくって新聞社に記事としてとりあげてもらうためには、その目的と手順をしっかりと理解していなければなりません。

プレスリリースをつくるのは、「新聞社に会社のトピックを提供」して「新聞社からの取材」を実現し、「記事が掲載される」ことを目的としたものです。その結果、直接、間接を問わず、最終的には「会社の売上げ増」につながることが期待できるもの――という認識が一番重要なポイントです。

プレスリリースをつくるためには、まず新聞社に提供できる自社の取り組みや情報（トピック）を積極的に集めることからはじめます。

どの会社でもやっているようなありふれた取り組みや新味のない情報だと、見向きもされません。

「おっ、面白そうじゃないか」「取材してみる価値がありそうだ」と新聞社が思ってくれるような情報であれば、半分は成功したようなものです。担当の記者が連絡してきたり、取材を申し込んできたりするでしょう。

ただ単に、電話で「ウチの会社に取材にきてください」と働きかけても、新聞社はそんなに暇ではありません。そのまま忘れ去られるか、下手するとその場で「用なし」と処理されます。そうならないためのツールがプレスリリースなのです。

新聞社が目を留めてくれるようなプレスリリースをつくるためにはどうすればよいのでしょうか。その前に、プレスリリース制作に臨む基本的な姿勢についてからはじめます。

■「いつか…」は「永遠にこない」

プレスリリースをつくるには、まずプレスリリース制作経験者から教わることをおすすめします。教科書だけ買って自分でやろうとしても、なかなかうまく習得できるものではありません。

我流だと、時間ばかりがかかり、挙句は使い物にならないプレスリリースを大量につくってしまい、ゴミ箱をいっぱいにするだけです。

まずはプレスリリースをつくる目的をしっかりと認識する必要があります。

運送会社であれば、

「地元で長く運送業をしているから、きっと、ウチの会社のことを知ってくれているだろう」

「トラックには社名も電話番号も入っているから、車が必要なときは問い合わせがくるだろう」

「いい仕事をして入ればうわさが広まって、そのうちに荷主から〝運んで欲しい〟との声がかかるだろう」

他の業種の会社であれば、

「プレスリリースで新聞社にアプローチしなくても、真面目に仕事をしていれば必ずや新聞社は取材にきてくれるだろう」

「商品には自信があるので、一度使ってくれれば評価してくれるはず。特別に宣伝する必要もない。いつかわかってくれるだろう」

「何もプレスリリースでなくても、会社や商品の知名度をあげられる方法が他にもあるんじゃないか」

そして極めつけは、

「誰かがウチの会社のことを紹介してくれるかも…」

きっと……そのうちに……誰かが……

これは間違った思い込みです。

あなたに「いつか…」という思い込みがあるのであれば、その希望的観測はすぐにでもすててください。

「いつか…」というのは「永遠にこない」と同じ意味ですから。

実は、同じように考える人は案外多いものです。

「ウチみたいな会社は何にもできない」

「誰かがきっと私の会社を探してくれるだろう」と。

実際にネットの利便性が高まった今日、探している相手が見つけやすくなったのは事実ですが、私が強調したいのは、待っているだけの姿勢ではなく、とにかくやってみることです。

プレスリリース制作も受け身的な姿勢からは何も生まれません。積極的に、みずからすすんで取り組む姿勢が必要なのです。

■ 周囲を見渡せばネタは転がっている

次に、プレスリリースに載せるネタをどうやって探すかについて説明します。

実は、このネタ探しが一番難しいのです。プレスリリース制作の最大の難所と言えます。プレスリリースに取り組んでいる人の多くはこのネタ探しで苦労しています。

ネタ探しに困っている人に共通するのは、野球にたとえるならば、大きなネタ（トピック）で一発ホームランを狙おうとすることです。

まず、ヒットで塁に出ることを心がけることが大事です。ヒットは、単打でも二塁打でもOKです。最初からホームランや三塁打を狙っても、そうそう簡単にできるものではありませんし、プレッシャーが増すばかりです。

ネタ探しも同じことなんです。

「ウチの会社にはネタなんかない」と思っている人でも、注意深く周囲を見渡せば、きっと見つかるはずです。焦る必要もありません。じっくりと見つけてください。

運送業界であれば、ネタとなるキーワードは以下のようなものがあります。

「商品」「サービス」「業界初」「防犯対策」「事故防止」「交通安全教室」「燃費対策」「ドライバー教育」「社内イベント」「社会貢献」「季節の出来事」――など、いろいろあると思います。

これら業界ネタ以外にも、「会社」「社長」「従業員」、あるいは「地域」に関係する話題に焦点をあててもいいかと思います。

運送会社の場合、ドライバー自身がネタの対象になることが多いのも見逃せません。例えば、以下のようなドライバーが社内にいるような会社であれば、ネタにするのも面白いと思います。

・無事故のドライバーや荷主からよく指名されるドライバーがいる
・女性のドライバーが多い
・若くてさわやかなドライバーが人気がある
・運転技術のすばらしいドライバーが評判だ

また、女性ドライバーが会社のイメージ向上に役立ったケースも新聞社はネタとして取りあげやすいでしょう。

「女性ドライバー募集では、集まりやすいように工夫している」

↓

「女性ドライバーが働きやすい環境をつくっている」

↓

「女性ドライバーが多く、社内の雰囲気もいいし、荷主からの評判もよくなった」

こうした職場環境の整備で会社の評判がよくなったケースなど、社内や社外で気づいたことを可能な限り書きだしてください。いろいろと出てくるはずです。

紙に書いてみると、心の中、頭の中にあるモヤモヤしたものが表に出てくることがあります。それでも、ネタがまったく思い浮かばない人もいらっしゃるでしょう。

そうしたときは、**自分でつくる方法もあります。**

■ネタを「つくり出す」思考

プレスリリース制作の初心者は、はじめは誰でも同じだと思いますが、考えても考えても出てきません。そこで、逆転の発想をしてみるのもよい方法だと思います。

実は、「失敗談」や「あまり公にしたくないな」と思うようなことでも十分にネタになることをご存知ですか。

好き好んで失敗のネタを公にする会社はどこにもないでしょう。失敗で終わるネタは、会社のイメージダウンです。

そうではなく、その失敗を教訓にした改善への取り組みに成功した方法などであれば、新聞社にとっても有益な情報として採用される可能性があります。

運送会社の例で説明します。

「最近、ドライバーの事故が多くなってきた」

↓

「事故を減少させるにはどうすればよいのだろうか？」

↓

「事故削減に向けた取り組みをしてみよう」

・ヒヤリハットの提出

（※ヒヤリハット＝重大な災害や事故には至らないが、直結してもおかしくない一歩手前の事例の発見）

・情報の共有

・社長と個別に悩みや不安などについて話し合い

・速度制限を徹底する

・時間に余裕を持った配車スケジュールにする

等など。

↓

「取り組みをした結果は」

・みんなで危険箇所が把握でき、情報を共有することができた

・相談した結果、悩みや不安が解消された

・ドライバー自身の意識が変わった

・慎重に運転するようになった
等など。
↓
「これらの取り組みによって事故の減少につながった」

事故が多くなってきたことをきっかけに改善への取り組みをはじめ、結果として事故の減少につながったという事実はきっと読者の参考になることでしょう。

こういう論法でいけば、「わが社にもネタがあったんだ」となります。これがネタをつくり出すということです。

■ユニークな試みで話題性を

ネタの発掘について、わが社の例で説明します。

トラックというのは、案外、盗難が多いのです。積んでいる荷物ごと盗まれます。小さな会社では1台だって盗まれたら大変です。わが社ではトラック協会の支部から会員企業（運送会社）に「トラックの盗難に注意を!!」という知らせが入ったこともあり、自衛策として盗難防止策を講じました。

わが社が保有するのはユニック車ですが、ユニックのフレームをあげたままにして車庫に駐車しておきます。

2013 年 12 月 9 日

[redacted]新聞社　御中

ご担当者様

有限会社　伊藤ハウス
愛知県田原市東赤石 5-67
TEL　0531-37-5911
取材担当者　伊藤佳恵

報道用資料

させません！トラック盗難

トラックの盗難や車上狙いがとても多いです。北関東ではプロの窃盗団が少しずつ移動しています。全国でも愛知県はワースト２です。

そこで当社は、被害に遭わないように何重にも未然に防止しています。ユニック車を保有しているので、車庫へ戻ってきたらユニックのブームを最大に上げます。こうすると、走行するにはまず、ブームを下げなければいけません。それに加え、ハンドルロック、輪留め、車庫の出入り口には車止めポールをしています。トラックには GPS も搭載しているので、トラックに異常があった時は、警備会社からすぐに連絡が入るようになっています。週末のトラックの動かない時は、車止めのポールにカギをかけ、簡単に下げる事ができないようにしています。

被害にあってからでは遅いです。大切なトラックを守るため窃盗犯を寄せつけない努力は惜しまないようにしています。

[redacted]新聞社　　ご担当者様

この情報を、多くの皆さまに伝えて役立ててほしいと考えていますので、ぜひ取材にいらしてください。

有限会社　伊藤ハウス
〒441-3416

ブームを上げた状態の特殊車両（提供）

年末年始の車両盗難防止
民間業者などが対策

年末年始の休業中にトラックなどの盗難を防ぐため、車両を所有する民間業者などが、対策を講じている。東三河でも器具で車両を固定したり、車庫の出入り口管理をしたりするなど、作業する関係者の姿が見られた。

運送業の伊藤ハウス（田原市、伊藤和年社長）では、従業員らが建材など持ち上げるためのブーム付き特殊車両のブームを、最大角度まで高く上げて駐車。ハンドルにはハンドルロック、タイヤに輪留めも付けた。車両には衛星利用測位システム（GPS）を搭載し、車庫の出入り口にはポールを取り付けるなど、車両管理に努めた。

同社は、付近で車上荒らしがあったことがきっかけで対策を強化した。荷役事業部の伊藤佳恵部長（39）は「保険には加入しているが、特殊車両の新車納品は半年待ち。被害に遭ってからでは遅いので、やれることは何でもやる」と話した。

損害保険会社26社でつくる日本損害保険協会の2012年度自動車盗難事故実態調査（22社対象）によると、商用車（主にトラック）の車両盗難が96台（対前年比152％）と増加した。同会広報担当者は「12年は『フォワード』など6車種のトラックが上位20位に入った。高耐久性の日本製トラックは、年式が古くても海外に多く輸出される」と説明した。

（深田いづみ）

東海日日新聞（2013年12月31日）掲載

（※ユニック車＝クレーンを装備したトラックの通称。トラックの荷台または運転席と荷台の間に取りつけられたクレーンを使って重量物を荷台に積み込み、運搬することができる）

もし、誰かがトラックのドアの鍵をこじ開けてエンジンをかけたとしても、フレームをおろさないかぎりトラックは車庫からだせません。戸外でもあがったままのフレームでは電線が邪魔になって移動するのさえ難しいでしょう。フレームをおろすには音もしますし、時間もかかります。盗んだ時点で大きなアラームが鳴り響きます。こうした盗難防止の取り組みをしていることに着目してプレスリリースをつくりました。

これは業界紙（物流ウィークリー）と一般紙（東海日日新聞）の2紙に掲載されました。

一般紙は年末（2013年12月31日）に掲載されましたが、時節柄、年末は盗難事件が多いこともあり、運送業者だけでなく、建設業界にも注意喚起できる内容だったので、一般紙も取りあげやすかったと思います。

運送会社ならではのネタがあるように、他に目を向けてもネタはいろいろあると思います。

最近、朝早く、地元の信用金庫が自分たちの建物の周りだけでなく、近くの公道にまで範囲を広げて掃除している光景をみかけますが、こうしたネタも比較的よく新聞に載っています。

また、子供たちの通学路の交通安全確保のために横断歩道の脇で旗をもって誘導しているボランティアの人たちの活動も新聞のネタになりやすい。社会奉仕や地域活動は新聞社や読者の共感を得やすいネタです。

ほかにも、季節に関連するイベントもの、社長交代の話なども新聞社が取りあげやすいトピックです。

「こんなものでも大丈夫かな?」と余計な心配はせず、とりあえず考えついたことをメモに書き、それをプレスリリース情報に応用してみることです。

■ プレスリリース制作の手順

ネタを見つければ、次はプレスリリースのつくり方の手順です。

第1章でも書きましたが、プレスリリースは基本的にA4サイズで1枚で十分です。これを見て、「えっ、これだけでいいの？」と思われるかもしれませんが、心配ありません。大丈夫です。

チャート式にプレスリリースの書き方の手順を説明すると、

①ひな型（Ｗｏｒｄ）に入力
②プレスリリースを送信するリストの作成
③新聞社へＦＡＸ

次のひな型をご覧になってください。これだけです。難しいことではありません。レポート記事のようにダラダラと長く、何枚も書くと、記者は「面倒だな」と感じ、読んでくれません。

このプレスリリースを見て新聞社は取材するかどうかを決めますので、内容がすぐに読み取れるくらい簡潔でなければなりません。

プレスリリースであることがひと目でわかるように、大きめの字で「報道用資料」と明記することも大事です。

〇〇〇〇〇〇新聞社　御中
〇〇　〇〇様

〇年〇月〇日
株式会社〇〇〇
電話番号
取材担当者　〇〇〇
（ふりがな）

報道用資料

わかりやすいタイトル

取材してほしい本文を書きこみます。
・・・・・・・・・・・・・・・・・・・・・・
・・・・・・・・・・・・・・・・・・・・・・
・・・・・・・・・・・・・・・・・・・・・・

〇〇〇〇〇〇新聞社　〇〇　〇〇様

この情報を多く皆様に伝えて役立ててほしいと思っていますので、ぜひ取材にお越しください。お待ちしています。

株式会社〇〇〇
〒〇〇－〇〇住所
電話番号
FAX 番号
担当　〇〇〇〇
（ふりがな）
E-mail : 〇〇〇〇@〇〇〇
URL : http:// 〇〇〇〇〇〇〇〇

記者が文面を見て「これ、どういう意味ですか？」と質問してくるような曖昧な表現や説明不足があれば、それはダメな書き方です。

ＦＡＸで送る前に、誰か第三者に一度読んでもらって、確かめるのもいいでしょう。

少しだけ補足すると、以下のような点に気をつけていただければ、より効果的でしょう。

まず、冒頭の宛先ですが、会社名の次に担当部署や担当者名が必要です。担当部署や担当者名がわからない場合は、「取材ご担当者様」と書いておけば失礼に当たりませんが、できるだけ新聞社に確認して担当部署も担当者名も書き入れるようにしたいものです。

プレスリリースが担当者の手に渡るかどうかは、こうした細やかな配慮が必要です。

Ａ４紙の真ん中に囲ってあるスペースには本文を入れますが、書き終わったあとに再び会社名と担当者名を書きます。最上部の宛先と重複感がありますので、省いても差し支えありません。

最後に、発信者の情報を入れます。FAX情報の発信者であり、問い合わせ先でもある担当者の氏名は必ず明記することが必須です。氏名で読みにくい場合は「ふりがな」を添えるくらいの心づかいがあるとよいでしょう。

返事や問い合わせはまだ電話が主流ですが、最近は電子メールでのやりとりも増えていますので、今後は担当者のメールアドレスも入れておいたほうが何かと便利です。

こう書いてくると、プレスリリースは本当にシンプルな形で構成されていることがおわかりいただけたかと思います。

次に、プレスリリースの本文についてのワンポイント・アドバイスをします。

文章は5W1Hで書くと、相手に伝えたいことが明確になると教わった人は多いと思います。

5W1Hとは、Who（誰が）、When（いつ）、Where（どこで）、Why（なぜ）、What（何を）、How（どのように）のことで、文章を構成するための必要な要素です。

これを使って、プレスリリースの本文の書き方を説明します。

・Who（誰が）――「社長が」、「従業員が」
・When（いつ）――「4月26日に」、「今月末に」
・Where（どこで）――「会社で」、「△○小学校で」
・Why（なぜ）――「盗難が増加しているから」、「事故が起きているから」
・What（何を）――「防犯について」、「交通安全教室について」
・How（どのように）――「×△○しました」

通常であればこれで済みます。

5W1Hに「How much／How many（どのくらい）」を加えて5W2Hとすることもあるようですが、私はその代わりにResult（結果）を加えた5W1H1Rとしました。

・Result（結果）――「被害がなくなりました」「30％減少しました」

トピック情報を受け取る側の新聞社にとって、5W1Hだけでは出来事を書いただけで、取材するポイントがどこにあるのかわかりにくいですが、R（結果）が付け加われば面白みが増し、記者は取材価値があると判断します。

前述の「事故削減への取り組み」例がそれにあたります。

実はわが社の例でこんなことがありました。

あるネタで1紙はすぐに取材にきてくれたのですが、もう1紙は取材まで時間がかかりました。結果的には、2紙とも記事が載ったのですが、なぜこういう差がおきたのかを知りたくて聞いてみました。

すると、私のプレスリリースの表現が相手にうまく伝わっていないことがわかりました。1紙の担当者には伝わっても、もう1紙の担当者にとっては「なぜ、このネタが目新しいのかわからない」と言われました。私が伝えたかったことが十分に書けていなかったということです。

やはり、プレスリリースはどの新聞社のどの担当者が読んでもすぐにわかるように書かなければいけないと自戒しました。

■ プレスリリースの事例

一般紙（地方紙）の東海日日新聞へ送った私のプレスリリースをご紹介します。

このネタは、運送業界やその関係者だけに情報発信されるものではなく、交通安全意識にかかわる社会性のある内容なので、広く一般読者にも読んでもらえると期待して一般紙にもアプローチしました。

[redacted]新聞社　御中
ご担当者様

H25年6月18日
有限会社　伊藤ハウス
TEL　0531-37-5911
取材担当者　伊藤佳恵

報道用資料

交通安全意識を高める、

「トラック・セーフティラリー」に参加

愛知県田原市にて運送会社をしております。

当社では、愛知県トラック協会主催の「トラック・セーフティーラリー」に参加し、無事故・無違反を達成し、認定証をいただくことができました。

「トラック・セーフティーラリー」とは、5名1組でチームを編成し、一定期間無事故・無違反を競い合います。交通安全意識を高め、チーム、事業所、愛知県内での事故、違反数の減少を目指す目的とし、交通安全を推進しています。

本年度は、H25.7月1日～12月31日までの6か月間で、昨年より1ヵ月延長されました。達成した事業所には、協会より認定証を授与されます。

プロドライバーとして、一般のドライバーのお手本となるような運転を示さなければなりません。

今後も安全運転を徹底して参りたいと思います。

[redacted]新聞社　ご担当者様
この情報を多くの皆様に伝えて役立ててほしいと思っていますので、ぜひ取材にいらしてください。

有限会社　伊藤ハウス
〒441-3416
愛知県田原市東赤石5-67
TEL　0531-37-5911
FAX　0531-37-5912
担当：伊藤佳恵（いとうよしえ）

東海日日新聞から取材を受けて6日後（2013年7月16日）に掲載されました。表彰状を受け取る私（伊藤佳恵）の写真つき記事です。

このネタは物流ウィークリー紙にも掲載されました。

私がつくったすべてのプレスリリースが取材と記事掲載にむすびついたわけではありません。それでも、諦めずにネタ探しとプレスリリース制作、そして新聞社へのアプローチを根気よく続けました。

プレスリリース制作に関わるすべての方々にも、私と同じように継続する強い意志を持ってもらいたいと願っています。

■ 記事になりやすいネタ、なりにくいネタ

私は毎日、自宅と会社で4紙（業界紙と一般紙）に目を通しています。

また、ネットニュース（例えば、Yahooニュースなど）も読んでいます。

トラックで無事故無違反

田原の伊藤ハウスが訴え

無事故無違反認定証を持つ伊藤さん（伊藤ハウスで）

安全運転意識の高揚を目的に7月から「トラック・セーフティ・ラリー」（愛知県トラック協会主催）が開催されており、昨年同ラリーで無事故無違反を達成した、田原市内の運送業者、伊藤ハウス（伊藤和年社長）は、事故の多い愛知県で「トラックが見本に」と訴えている。

同ラリーは、5人1組でチームが年末まで無事故無違反を目指す。

伊藤ハウスの2チームが昨年ラリーに参加し、1チームのみ無事故無違反を達成した。

今年は7月1日から12月31日まで、2チームとも認定証取得を目指す。

荷役事業部の伊藤佳恵部長（38）は「トラックは、荷物で重量が増す上、車体が大きく、いったん事故になれば大規模になりやすい。トラックこそ安全運転の見本に」と意気込む。同社は安全性優良企業としてのGマークも取得しているが「一般の人はあまり知らない」としている。

同社のモットーは「防衛運転」。伊藤社長（38）は「ヒヤリハット報告」で情報を共有し、従業員全員に「車間距離をあけて」と声をかけている。

同協会は「もっと参加を」と訴えている。

（深田いづみ）

東海日日新聞（2013年7月16日）掲載

そして、気になったトピックは必ずメモするようにしています。人間の記憶というのは案外あてになりませんので、紙に書き留めておいたほうが、いざというときに簡単に取りだせます。

会社を一軒一軒訪問したり、何人もの人に会ったりして情報を集めなくてもよい時代です。ネタを見つけることが重要であって、それを仕入れる方法を知っておれば、この作業はデスクワークでもできます。やろうと思えば、誰にでもできることです。

とくに、プレスリリース制作を担当する人であれば、身の回りに何が起こっているかに敏感でなければなりません。

会社の経費節減、トラックの燃費問題、運送ルートの効率化、人材教育、社員の特技、じっくりと周りを見渡す癖をつけておくべきです。

新聞社は読者に有益な情報を提供するのが使命であり役割です。

世の中で何が話題になっているのか、何が起こって、何が起ころうとしているのか、それをすばやく取材して記事にし、読者に情報として送り届けなければなりません。

したがって、プレスリリースをつくるときは、新聞社がどういう記事を読者に送り届けているかを十分にわかった上で、取り組む必要があります。

そのためには、書き方に特徴を持たせなければ、新聞社は興味を持ってくれません。


例えば、環境問題と安全運転への取り組みについて書く場合、

「以前はあまりよくない状態だったが、○×□のように改善したらよくなりました」

「×□△の取り組みをしたら○×△の効果がありました」

「□△×するとこんなに削減できました」

「○○」には1年間で20％削減とか、50万円の出費を抑えることに成功したとか、具体的な数字を入れるとわかりやすくなります。

すでに説明したＲｅｓｕｌｔ（結果）がその特徴点に相当します。これがあれば記者も「ん？　ちょっと気になる情報だな」と思ってくれます。

その一方で、

「こんないい情報をプレスリリースで送っているのに、なぜ新聞社は連絡をくれないのか」

「これに興味を持てないなんて、なんて鈍感な記者なのかしら」
などと、一方的に誤解してはいけません。

あなたがいくら一所懸命にプレスリリースをつくったとしても、それが新聞社にとって取りあげたい情報とは限りません。

前述のように、新聞社が求めている情報とは何かを常に考えてプレスリリースをつくること、これが採用されるか、採用されないかの分岐点になります。

情報は知名度アップや売上げ増への貢献など発信する会社や個人の事情とは別に、その情報提供を受けて記事にするかどうかは、新聞社の判断になります。

そのためには、新聞をよく読み、記事の取りあげられ方を研究することが必要です。

一般紙の東海日日新聞に「笑顔」という定期の欄があります。この定期欄の3058回（2013年7月22日）に私が載りました。これは私の方から新聞社に連絡をとりました。電話を受けた方が担当者につないでくれて、掲載が実現したものです。

この欄であればお願いしても違和感なく掲載が実現するだろうと思っていましたの

で、ためらうことなく連絡しました。

どういうネタでがその新聞の掲載趣旨に合うか、それを見極めることも肝要です。

また、一般紙向けのネタ、業界紙向けのネタに違いがあるのは当然ですが、もしかしたらチャンスがあるかもしれないので、一般紙にも業界紙にも両方ともプレスリリースを送るようにしています。

もちろん、こっちには載って、あっちには載らなかった、ということはよくあります。どちらにも載らなかったこともたくさんあります。

でも、諦めずに続けました。

プレスリリースは以前はFAX中心でしたが、そのうち記者の方とうまく話せるようになれば、必ずしもFAXにこだわる必要もないでしょう。

顔見知りの記者に対してネタによっては、電話（携

笑顔

3058

伊藤佳恵さん

写真・新村 猛

田原市を拠点に農業用ハウスの施工、ユニック車専門の運送会社、有限会社伊藤ハウスの荷役事業部部長です。地域ナンバーワンを目指して、従業員一同頑張っています。

東海日日新聞（2013年7月22日）掲載

帯）やメールで済むこともあります。

ただし、初対面や情報量の多いネタの場合はやはりプレスリリースでなければ用は足せません。


この章ではプレスリリース制作の心構え、ネタの発掘、新聞社へのアプローチなどについて説明してきましたが、何事も待っているだけでなく、自分から積極的にアプローチして何度もアピールすることの重要性だけは忘れないでいただきたいと思っています。

一度トライしてうまくいかないと、「もう恥はかきたくない」とばかりに尻込みしたりして、マイナス思考が生まれます。

それはすぐに克服してください。一度で成功しようと思わないでください。

もう一度言いますが、面白いことを思いついたら、あるいは誰かからすばらしい情報を聞いたら、すぐにメモし、それをプレスリリースに応用することです。

プレスリリース制作に求められるのは、「とにかくやってみる積極性」――この一言に尽きます。

第3章

プレスリリースから新聞掲載へ

■新聞記者もネタの持ちこみを待っている

新聞社では記者自身が努力して記事にできるようなトピックを見つけてくることが多いのですが、いつも新しい情報、面白いネタをもっているわけではありません。外部から提供された情報をきっかけにして取材することも少なくありません。

前章（2章）ではプレスリリースを新聞社に送るまでを書きましたが、その新聞社自身、記者自身もネタ探しをしているのです。新聞記事になるようなトピックはそこら辺にたくさん転がっているわけではなく、記者も情報の入手に奔走しています。プレスリリースなどを通じて外部からの情報提供を受けいれる素地は十分にあると思っていいでしょう。

外部から持ちこまれる情報は玉石混交の状態ですが、新聞社や記者個人がそれを選別し、取材するに値するかどうか、吟味します。取材したいような情報とわかれば、すぐにでも連絡します。

新聞は多くの記事で構成されています。ある企業の記事が新聞に載ったとしても、その記事は新聞全体の記事のなかの一本にすぎません。しかし、その企業にとっては、掲載された記事は貴重なもので、それをきっかけに知名度が上がったり、ビジネスにつながる絶好の機会を得ることだって期待できます。

プレスリリースは企業が新聞社に情報提供するためのツールですが、なかには独りよがりな内容のものもないわけではありません。しかし、それはその情報を受けとる新聞社が冷静に判断しますので、情報発信という行為を甘く見てはいけません。

新聞社も読者がいて成り立つ商売ですから、いくら面白そうな情報でも、それが読者にとって有益な情報であると判断されない限り、取材は実現しません。

寿司のネタではありませんが、食べる人が「おいしい」と思ってくれない限り、その寿司屋さんにお客はきてくれませんし、店の営業も長続きしません。

新聞社も同じです。

「寿司のネタ＝新聞記事」、「お客＝読者」、「店＝新聞社」という関係です。

つまり、寿司のネタは新聞社の命であり、お客（読者）はそのネタを楽しみに店に通う（購読する）、という図式です。

新聞記事は記者が対象者（会社や個人）を直接取材して書きますが、記者が書いた記事がそのまま載ることはありません。上司である新聞社のデスクなどが目を通します。デスクとは、記者に取材の指示をしたり、記者が書いた原稿を手直ししたりする役目の人です。記事の正確性を高めるためのチェック体制です。

ですから、企業が提供した情報がきちんとしたものかどうか、まず記者自身が取材で確かめて記事にしたあと、デスクがチェックします。タイトルや見だしをつけて、はじめて記事として新聞に掲載されます。

「あの会社はいつも面白くて、きちんとした情報を提供してくれる。何かあったときは協力してくれそうだ」という具合に記者に思ってもらえれば、お互いの関係性の維持に成功したと言えます。

きちんとした情報をプレスリリースで提供するたびに、記者は気にかけてくれることでしょう。

新聞社でも時節柄の特集や企画モノがあって、企業にその取材協力を依頼する場合もあります。そうしたときに、日頃から情報提供先として安心感を与えておけば、すぐにでも声がかかります。

２０１４年12月15日の物流ウィークリー紙にわが社の従業員が記事になったのも、新聞社から「リーダー的な従業員を紹介するコーナーがあるのですが、御社におられませんか」との依頼がきたのが発端でした。

知らない関係のなかからは生まれない協力要請です。

■ 有料「広告」と取材「記事」の違い

記事は文字だけのものもありますが、写真つきのものもあります。長い記事もあれば、短い記事もあります。新聞では、そうした記事と記事の間、あるいは新聞紙面の下段などに枠で囲まれた部分が目に入ると思います。これが広告です。

紙面をめくると、パッと目につきやすいように、大きなタイトルや特徴的なデザインでつくられています。

広告は、宣伝のために企業がその枠（スペース）を規定料金で買い取って新聞に出しますが、紙面のどの位置に出すかでその金額も違ってきます。第1面は目立ちますので、結構金額が高い。もちろん、どの面でもスペースの大小で金額が違います。数万円の小さな広告から、数十万円もする大きな広告と、種類もさまざまです。お金さえ出せば会社、団体、個人など問いません。誰でも掲載できます。よほどのことがない限り、100%載ります。

広告は会社の商品や事業の宣伝であったり、イメージ向上のためのPR活動であったりと、その内容と目的はさまざまですが、共通しているのは、新聞の読者に向けて広告を出す会社がほぼ一方的に情報を発信していることです。

料金を支払っている以上、企業はそのスペースを使って最大限にPRできるキャッチコピー、そして社名と連絡先をいれます。

記者が取材して書く記事のように第三者的なものと違って、広告は掲載する内容のほとんどがお金を出す側の企業や個人に主導権があります。お金で買い取っているスペースですから、当然といえば当然です。

読者の多くも広告とはこういう関係で掲載されていることを知っています。

実は、わが社も広告をだした経験があります。運送会社をはじめる前のことですが、広告代理店から会社に電話がかかってきました。

「御社の広告を載せませんか」「会社の名前が売れますよ」という内容でした。

当時の私は記事と広告の違いなどわかりません。私だけではなく、会社のみんなもそうでした。私が電話を受け、会社に相談して出すことにしました。

「名前だけでも新聞に載ると、みんな見ます。連絡してくる人もいますよ」という広告代理店の誘い文句に惹かれ、言われるままに何回か求人(従業員募集)広告やイメージ広告をだしました。イメージ広告には、会社名、住所、代表者、連絡先が入っています。

広告とは言え、新聞に載るのは初めての経験でした。ところが、反応はまったくのゼロ。

高い広告料を支払っても、求人募集は待てど暮らせど、電話の一本もかかってきません。イメージ広告では問い合わせすら入ってきません。がっくり肩を落としました。

広告代理店にうまく乗せられたとやっと気づきました。ただ、お金を払っただけというお粗末な結果です。

ただ、こういう経験があったからこそ、広告にお金を費やすより、プレスリリース制作に魅力を感じるようになったわけで、授業料と思えば安いと思うことにしました。

「知っている」方が「知らない」よりも断然いいのですが、やはりひとつひとつの積み重ねは本当に重要です。

■ 新聞に記事が載るのはどんな会社か

新聞記事に対する世間の評判、あるいはイメージ

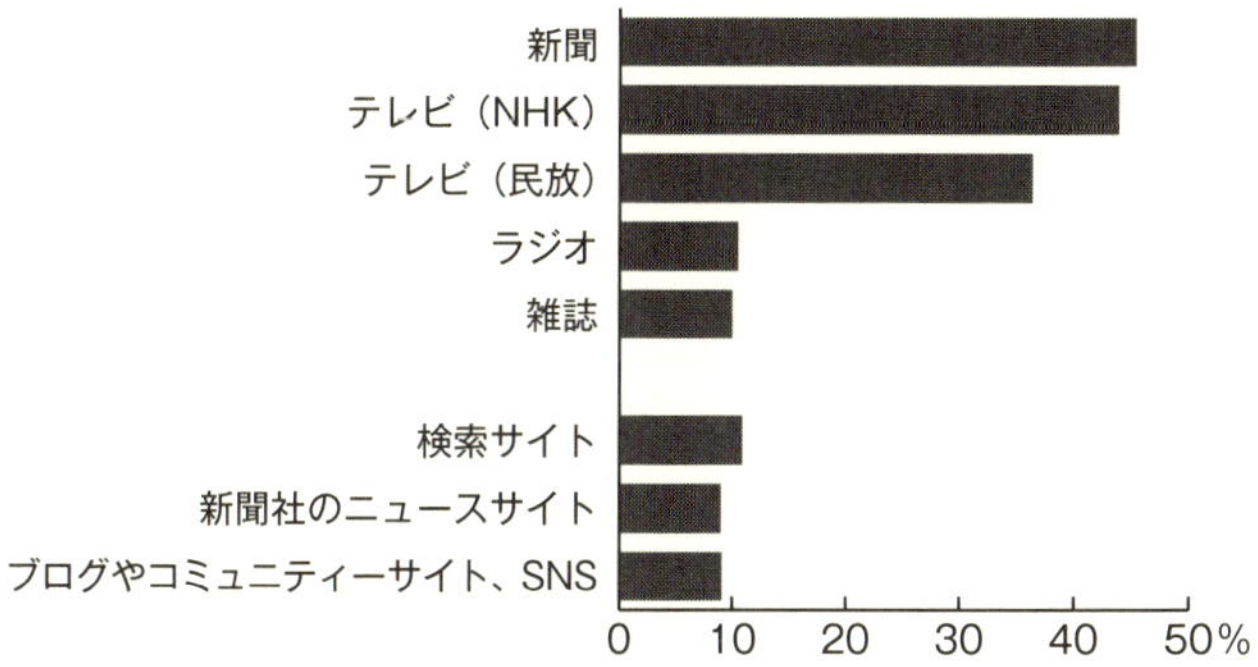

はどういうものでしょうか。
私が知っている方々（会社、個人）からは、以下のよう回答をするケースが多かったので、挙げてみます。

「世間で有名な会社」
「中小企業よりも大企業」
「きちんとしている会社」
「信用できる会社」
「大がかりな取り組みをしている会社」
「とにかく、すごい会社」

また、社会における評価については、日本新聞協会広告委員会が出した「2013年全国メディア接触・評価調査」によると、信頼度や評価という点で以下の図のようになっています。

テレビが日常生活の中で一番影響力があると思いがちですが、やはり新聞の方が評価が高いことがわかります。

言い換えれば、新聞に記事として掲載されれば、それだけその会社は「信頼度が高い」ということにもなるわけです。

信頼度を高めるのは「権威の推奨」によって実証されます。この「権威」というのがマスコミなんです。


ラーメン屋さんの例で説明します。

自分がつくったラーメンを自分で「おいしいですよ」と言ったとしても、それは自己満足の域をでず、誰も同調してくれません。信頼度は０％なんです。友だちが「おいしかったよ」と口にすれば、信頼度はなんとか30％にまで高まります。

〝ラーメンの鬼〟の異名で日本全国に知られている佐野実さんに「おいしい!!」と言ってもらえれば、信頼度は90％にまで跳ね上がります。

佐野実さんの言葉そのものが権威なんです。権威に推奨されたラーメンは、そのおいしさが実証されたのと同じです。

運送会社にとって、一番身近な権威は「新聞」です。新聞に、「A社は無事故で、ドライバー教育もしっかりしているすばらしい会社」という記事が載っていると、それがお墨付きになって、A社を知らない人でもA社への評価がグンと高くなります。

新聞には日本全国どこでも販売されている全国紙、北海道／東海・中部／北部九州などの地域圏を主な対象とするブロック紙、各県内を中心にしている地方紙（県紙）などがあります。これらは一般紙と呼ばれています。

これら以外の新聞としては、産業別に発行される業界紙（専門紙）があります。各々の産業分野には必ず業界紙があります。

わが社は運送会社なので、運送業界向けの業界紙をよく読んでいます。同業他社もこうした業界紙に目を通して運送業界の動向やトピックを参考にしています。

他の運送会社がどういう方法で売上げを伸ばしているのか、どういう障害にあってビジネスに行き詰っているのか、業界紙を読めばおおよその業界や他社の動向がわかります。

実は、業界紙は運送会社の関係者だけが読んでいるのではありません。運送会社に荷を運ぶ仕事を依頼する荷主（会社）も読んでいます。ということは、業界紙に記事が載れば、荷主からも注目され、取引へのチャンスが広がる可能性も出てきます。

通常の会社は一般紙を購読しているケースが多いため、業界紙よりも広い読者を持つ一般紙に記事が載れば、荷主の目に留まる可能性はさらに高くなります。

新聞に記事が載るということは、荷主になる可能性の高い企業の多くに知ってもらえる絶好の機会というわけです。

知名度をあげ、社会的評価を得るには、広告ではなく、取材記事として新聞に載ることが必須の条件なのです。

■プレスリリースから新聞記事につながる

私はプレスリリースというツールを使って新聞社に情報提供し、わが社の取材記事を掲載してもらう機会が増えましたが、有料の広告とは違って、コストは新聞社へのプレスリリースFAX送信代だけで済みました。

有料の広告は見事に空ぶりで何の反応もなく、取材記事は掲載後に多くの方々から反響があり、両者の違いは歴然としています。お金をかけず、しかも後々のビジネスにつながる可能性が高いのは、明らかに取材記事の方です。

私が新聞社向けにプレスリリースを送り、掲載が実現した記事を時系列で紹介します。（掲載年月日、タイトル、掲載紙の種別）

・２０１１年９月５日
「エコキャップ運動　荷主にも協力要請」（業界紙）
・２０１１年10月10日
「躍進する女性陣　伊藤ハウス　伊藤佳恵さん」（業界紙）
・２０１２年３月５日
「防災ラジオを設置　災害時、自動的に緊急放送」（業界紙）
・２０１２年４月16日
「私の宝物　目立つグリーンジャンパー」（業界紙）
・２０１２年８月６日

「伊藤和年専務　新社長に就任　伊藤ハウス」（業界紙）
・2012年12月3日
「企業理念を浸透させる　社内報を月1回発刊」（業界紙）
・2013年1月14日
「4年弱のスピード取得　伊藤ハウスがGマーク認定」（業界紙）
・2013年3月4日
「開業4年弱でGマーク　運転者技術向上に注力」（業界紙）
・2013年4月29日
「ユニック、平ボディー　お持ちの協力会社募集」（業界紙）
・2013年5月13日
「ボード活用し安全管理　愛ト協から配布」（業界紙）
・2013年6月24日
「創業以来無事故を継続　ラリーも連続達成めざす」（業界紙）
・2013年7月16日
「トラックで無事故無違反　田原の伊藤ハウスが訴え」（一般紙）
・2013年7月22日

「笑顔　伊藤佳恵さん」（一般紙）
・2013年8月12日
「売上げアップテキストを販売」（業界紙）
・2013年12月9日
「盗られる前に対策を　トラック盗難被害が増加傾向　未然の防止策　業界全体で危機意識を　伊藤ハウス　伊藤佳恵部長」（業界紙）
・2013年12月31日
「年末年始の車両盗難防止　民間業者などが対策」（一般紙）
・2014年1月13日
「時代にあった仕事を　若い発想力が必要」（業界紙）
・2014年1月20日
「ユニックと平車　協力会社を募集」（業界紙）
・2014年2月3日
「トレーラハウスを設置　東三河地区で初の許可」（業界紙）
・2014年4月14日
「私の宝物　思い出が詰まった学生服　伊藤ハウス　伊藤和年社長」（業界紙）

・2014年9月11日
「巨木アート　お引越し　東栄の2体　観光施設へ」（一般紙）
・2014年11月3日
「チェーンソーアート移設」（業界紙）
・2014年12月15日
「誠実、的確さがモットー　伊藤ハウス　金子孝治さん」（業界紙）
・2015年1月10日
「刺激になる存在　伊藤ハウス　伊藤和年社長」（業界紙）
・2015年2月5日
「固定資産税が免除　トレーラハウス設置」（業界紙）
・2015年7月27日
「プレスリリース道場開く　運送業マスコミ活用協議会」（業界紙）
【一般紙は「中日新聞」「東海日日新聞」など。業界紙は「物流ウィークリー」「物流ニッポン」など】

■最初は〝新聞に載る〟ことで頭がイッパイ？

新聞社に向けてプレスリリースを送っても、すぐに連絡がくることもあれば、時間がかかることもあります。

すぐに反応がないからといってあきらめてはいけません。私にも何度か経験があります。

プレスリリースを送ってから何も反応がなかった業界紙の記者から、1か月後に「取材したい」との連絡が入り、その日のうちに取材が実現したケースもあります。記者がプレスリリースをきちんと保存しておいてくれたようです。記者からは、記事のネタとしてはダメではなかったけれど、タイミングが合わなかったと聞きました。

一般紙でも1か月以上経ってから取材の連絡が入ったこともあります。

一度プレスリリースを送ってダメだったとしても、あきらめないほうがいいでしょう。違うネタを考えて、送り続けることがとても大事です。

プレスリリースを使って掲載にこぎつけた新聞記事はこの4年弱で26件になります

が、正直に言えば、最初は〝新聞に載る〟ことで頭がイッパイでした。プレスリリース制作の初心者であれば、誰でも最初はこういう心境になります。

もし今、プレスリリース制作にとりかかっていて、未《いま》だに取材が実現せず、掲載に至らない方がおられるなら、心配はご無用です。〝新聞に載る〟という精神的なハードルがあまりにも高くなってしまい、ついついプレスリリース制作の最終目標が見えなくなってしまっているからです。

確かに〝新聞に載る〟ことができなければ、次のステージに進めないのは当然なので、まずはこの入り口を突破することに集中してください。

躍進する 女性陣 第248回

伊藤ハウス 伊藤佳恵さん

「明るく笑顔」を心掛け

「女性ならではのきめ細やかさを生かし、ドライバーの更なるレベルアップに努めたい」と話すのは、伊藤ハウス（伊藤良年社長、愛知県田原市）の伊藤佳恵・荷役事業部長。伊藤社長の息子である和年専務の妻で、01年の同社の法人化に合わせて入社した。

それまでは実家の喫茶店を手伝っていて、全くの未経験からのスタートだった。

ユニック車を使用したハウス部材や建材輸送をメーンに展開する同社。08年に、ハウスの建設事業から事業の幅を広げるため、一般貨物自動車運送事業を取得。佳恵氏はそれに合わせて、運行管理者の資格取得を目指した。「社内で運管試験を受験したのは自分一人だったのでプレッシャーを感じた」。業務の合間を縫って取り組んだ猛勉強の甲斐あって、一発合格を果たした。「勉強で得た知識は実務に直結するものも多く、今も役立っている」と振り返る。今は見積り作成から配車まで幅広く業務をこなす。

一般貨物を取得して丸3年が経過。その間にはリーマン・ショックや大震災などがあり、経営環境も大きく変化した。同社はドライバーのレベル向上を重要項目に位置づけ、採用の際の面接時に運転記録証明書の提出を義務付けた。ドライバーの違反履歴という客観指標を活用することで、少しでも良質なドライバーを確保したい考え。また、ユニック車を使用しているため、入社後もきめ細やかな指導教育を行ってドライバーの技能向上を図っている。

昨年末からは、社会貢献運動の一環で、ペットボトルのエコキャップ回収活動をスタート。本社や田原営業所、車庫などの回収ボックスを置き、社員に協力を呼び掛けている。各拠点で集めたキャップは田原営業所の事務所でまとめられ、ワクチン支援の活動を行う団体に送られる。

佳恵氏が業務の際に心掛けているのは、「明るく笑顔で接すること」。マナー本を読むなどして研修を積むと同時に、将来はウイング車を導入しての事業領域の拡大を視野に入れる。（中道幸男）

物流ウィークリー（2011年10月10日）掲載

その眼前のハードルを越える方法はただひとつ。

プレスリリース制作担当者が果たすべき役割（ミッ

ション）とは、「プレスリリースを使って会社の売上げ増に貢献する」のが最終目的であることをしっかりと自分の頭の中心部に据えてください。そうすれば、目の前の苦労なんか、吹っ飛びます。

第4章

記事で信頼度アップ、次はビジネスへ

■ 役場からのアート作品の運送依頼をプレスリリース化

「巨木アート　お引越し　東栄の２体　観光施設へ」（中日新聞、２０１４年9月11日掲載）の場合を見てみましょう。

愛知県北東部にある東栄町の役場から「アート作品（美術工芸品）を運んでいただきたいのですが、御社で検討していただけませんでしょうか」との連絡がありました。話を聞くと、巨大なアート作品２体を４キロ先の指定の場所まで運んでもらいたいという依頼でした。

東栄町役場では、ユニック車を保有する運送会社をインターネットで検索したところ、わが社を見つけてくれたようです。

わが社のＨＰでは、事業内容としてユニック車などの保有車両一式、輸送実績、輸送対象物の事例などを紹介していますが、それを見て連絡したとのことでした。

わが社は愛知県の一番南、渥美半島の付け根部分に位置する田原町にあります。東栄町とは距離的にもかなり離れたところにあります。東栄町役場にとってはわが社よりも近い距離にユニック車を保有する運送会社もあったようですが、わざわざ遠い場所のわが社を選んでくれました。

「よく新聞に載っていますね」

東栄町役場の担当者の方からこう言われました。

「新聞記事やHPを見てくれているんだ。それで、今回の仕事依頼につながったのかな」と思いました。

HPには事業内容の説明のほかに、これまで新聞で取りあげられた記事をたくさん掲載していました。わが社のことが新聞記事として載っていることが決め手のひとつになったようです。東栄町役場の担当者の方も、わが社のことが載っている新聞記事を見て安心されたのだと思います。

わが社は農業ハウスの関連資材の配送や一般資機材の運送実績は多かったのですが、アート作品などのような美術専門の運送会社ではありません。でも、連絡を受けたあと、さっそく社内で検討し、引き受けることにしました。

せっかく声をかけていただいたこともありますが、アート作品の運送のように特殊な技術を必要とする仕事など、わが社の力量をみせる滅多にないチャンスだと思ったからです。

社長以下、従業員が現場を下見に行き、注意深く計画を立て、当日の作業のシュミレーションも行い、実行に移しました。

私は、「この作業はきっと面白いネタになる」とすぐにひらめきました。新聞社に取材を働きかけるために、さっそく次ページのようなプレスリリースをつくり、２０１４年９月８日に各新聞社宛にＦＡＸで送りました。

私の予想したとおり、しっかりと反応がありました。業界紙だけではなく、一般紙の中日新聞からも取材の依頼がありました。

この運送作業を取材する記者をサポートしたいと考え、カメラを持って私自身も現場に向かいました。９月10日の朝、作業がスタートしてもまだ記者の姿はありません。

新聞社　御中
ご担当者　様

H26年9月8日
有限会社　伊藤ハウス
TEL　0531-37-5911
取材担当者　伊藤佳恵

報道用資料

台風に備え、チェーンソーアートの移設をします。

愛知県田原市にて運送会社をしております。

９月１０日（水）に設楽郡東栄町の町営宿泊施設、東栄グリーンハウスに立つ巨木のチェーンソーアート２体を、東栄町の経済課から依頼を受け、移設することになりました。

強風や台風などで倒れる心配があったため、７月末中旬に現地で、どうやって移設をするのか入念に打合せをしました。

高さ4m以上のチェーンソーアート作品ということもあって、繊細な部分も非常に多く、重量もかなりあるので、当社のユニック車２台を使い慎重に作業を進めていく予定です。

当日は、ユニック車２台と作業員６人でAM8：00より作業を開始します。

無事に移設し、東栄町の住民の皆さまが、安心して作品を鑑賞できるように、チェーンソーアートの移設を行います。

ぜひ、移設の様子を取材に来てください。

新聞社様　ご担当者様
この情報を多くの皆様に伝えて役立ててほしいと思っていますので、ぜひ取材にいらしてください。

有限会社　伊藤ハウス
〒441-3412
愛知県田原市谷熊町堂代46-1
TEL　0531-37-5911
FAX　0531-37-5912
担当：伊藤佳恵（いとうよしえ）

私は、この作業風景を撮っておかないと勿体ないと思い、カメラのシャッターを切りました。


間もなく記者が到着し、取材を開始しました。取材後、私の撮った写真（作業のスタート部分）を「使えそうでしたら、遠慮なく使ってください」と一言付け加えて記者にわたしました。

ということで、新聞記事（中日新聞）に載っている写真の一枚は私が撮ったものです。

■ 反響の大きい一般紙

一般紙の中日新聞に載ったことで、東栄町役場からは「町の出来事が新聞に載ることで、東栄町に興味を持ってくれる人が増えました。ありがとうございます」と大変感謝されました。

ユニック車でアート作品の運送を請け負う
（撮影：伊藤佳恵）

この「アート作品の引っ越し」ニュースは、業界紙にも掲載されました。運ぶ荷がどういうものであっても、運送会社は荷を運ぶのが仕事です。業界紙にとって、建築資材もアート作品も同じ荷の扱いです。アート作品だからと言って業界紙では特別に大きく扱うことはできませんが、それでも取材して記事にしてくれたのは、日頃から密接に連絡をとっていた関係があったからこそだと思っています。こういう配慮をしていただき、業界紙には感謝しています。

「アート作品のお引越し」は移設先が温泉施設という観光面にも関係していたことから、このネタは中日新聞のような一般紙には似合うものだったのです。

運送業界向けの業界紙は運送会社のほか、荷主となる業界関係の会社が読みます。一般紙は一般企業で読まれるだけでなく、家庭の主婦や子供たちなど、読者層が業界紙よりも幅広いのが特徴です。

業界紙に記事が新聞に載ると当然のことながら業界関係者の反応が多いのですが、一般紙だと思いもよらぬ方々からの反響があります。販売部数も多いだけに、反響の度合いは想像以上に大きかったと感じました。

そういう反響の強さがあるだけに、一般紙から取材を受けることはハードルも高いのです。それでもさまざまなネタでプレスリリースをつくってアプローチし続けなければなりません。

忘れられないように常にコンタクトをとっておけば、何かあるときに連絡をくれることがあります。

例えば、あるとき、運送会社の事故がありました。関連情報取材のために、一般紙の中日新聞社からわが社に連絡がきました。会社名、社長名、担当者名などが入ったプレスリリースをつくって、何度も送っているうちに、中日新聞の記者の方もいつの間にかわが社のことを覚えてくれたのでしょう。

こういう新聞社との関

巨木アートお引っ越し

東栄の2体 観光施設へ

東栄町本郷の町営宿泊施設、東栄グリーンハウス前に仮置きされていた巨大なチェーンソーアート作品二体が十日、〝安住の地〟に引っ越した。直径一㍍、高さ四・五㍍の杉の丸太を刻んだ作品は、重さ一㌧。繊細な彫刻を傷付けぬよう作業を進めた。

（鈴木泰彦）

移転のためクレーンでつり上げられる「天地竜」＝いずれも東栄町本郷で

町民芸館の軒先に設置された「届け！　平和への祈り」

作品は城所ケイジさん（四七）＝和歌山県田辺市＝が制作した「天地竜」と、米国人ブライアン・ルースさん（五五）による「届け！　平和への祈り」。日本のチェーンソーアート発祥の地のシンボルに―との町の依頼で、五月から六月にかけて作られた。

二体は地面に固定されておらず、自重で立っていた。八月の台風接近時には、破損しないよう作品を布団で巻き、鉄パイプの足場を組んで固定するなど町は対応に追われた。町経済課の平松伸一課長は「本格的な台風シーズンを控え、気が気ではなかった」と話す。

移転先は、「天地竜」が四㌔ほど離れた日帰り温泉施設とうえい温泉の玄関脇。「届け…」は、東栄グリーンハウスの敷地内に立つ町民芸館の軒先。重心位置を慎重に確認しながら二台のクレーンでつり上げて搬送し、コンクリート製の台座にボルトで固定した。

作業を担当した田原市谷熊町、伊藤ハウスの伊藤和年社長（四〇）は「新聞報道で知っていたが、見たのは初めて。大きさと精巧さに驚いた。傷付けることなく無事に搬送でき、ほっとしています」と汗をぬぐっていた。

中日新聞（2014年9月11日）掲載

係性の維持は非常に重要なことです。

業界紙でも一般紙でも記事が載れば、それ自体が会社の「社会的証明」にもなります。ラーメンの例でも説明したように、権威（新聞）の推奨（掲載記事）によって、会社の信頼度は格段にアップし、ブランド価値が生まれるのです。

そして、この社会的証明を得ることができれば、それが直接的にも間接的にもビジネスにつながる要素となり、知名度アップからさらに次のステージである「会社の売上げ増」に貢献できる道ができます。

新聞社の権威とはそういう影響力と効果があるのです。

ですから、新聞社から記者が取材にきたあと、それっきりにしないことです。ハガキか電話でお礼を伝えるようにしたいものです。

記事が掲載された場合は、電話やメールでのお礼を送ると同時に感想や周囲の人の反応も伝えたほうが喜ばれます。

「新しいネタを用意しておきますので、いつでもご連絡ください」と付け加えておけば、記者も覚えておいてくれます。記事掲載のあと、ながく放ったままにしておくと印象が薄くなります。こまめに連絡をとることが肝要です。

■ 新聞記事は何度でも有効活用できる

東栄町役場からのアート作品運送の依頼については、わが社のＨＰや新聞記事が発注の際のひとつのポイントになったと書きましたが、ここでＨＰやその他のツールについて少し補足しておきます。

わが社にはＨＰがあります。ＨＰのほかにはセールスレターも出しています。これらを有効的につないで、荷主獲得に努めようとしていました。

その方法とは、掲載された新聞記事をＨＰとセールスレターの両方に載せ、荷主だけでなく、今後取引の可能性のある会社に対してもわが社のＰＲをかねて積極的にアプローチしようとしていました。

今、ＩＴ（情報技術）社会と言われる時代です。大手企業に限らず、最近は中小企業でも多くの会社がＨＰを持つようになりました。

各社のＨＰをのぞいてみると、社長のメッセージにはじまり、会社の歴史、事業の説明、過去の業績だけでなく、従業員のエピソードなどもアップ（掲載）されています。最近では動画も入っているＨＰも増えてきました。

わが社に関心のある会社や個人の方々は東栄町役場のようにＨＰにアクセスして連絡してくれますが、もっと広くわが社を知ってもらうためには、セールスレターの郵送が一番よい方法でした。郵送費（切手代）はかかりますが、着実に郵送先に届き、読んでもらえる方法です。

セールスレターには「新聞に記事が掲載された会社」であることがわかるように、実際に掲載された記事（コピー）、さらに簡単な説明も盛りこみました。

既存の取引先（荷主）は、「新聞に載るような会社と付き合いができてよかった」と思ってくれます。そういう副次効果が期待できます。

取引のなかった会社でも、掲載記事が入っているセールスレターを読んだあとに、わが社に問い合わせがくることもありました。最初はまだ多くありませんでしたが、続けるうちに声をかけられることが多くなってきます。

やはり新聞記事をセールスレターの構成要素として取り入れていると、連絡してくれる可能性はグンとあがります。

「新聞に掲載されるほどの会社だから、ヘンな会社ではないだろう」という安心感があるからでしょうか。ただ、1回よりも2回、2回よりも3回、5回よりも10回と、新聞掲載の実績が積み重なれば積み重なるほど、信用度はさらに高まります。

実際、セールスレターを見て、取引実績のない会社から連絡がありました。緊急にトラックが必要になったとのことでしたが、何とかこのリクエストに対応することができました。それ以来、今もこの会社とは取引が続いています。

セールスレターは新規の顧客獲得のために出すダイレクトメールという役割があります。会社案内だけではダメです。会社の社長や従業員のエピソードなども紹介し、その人のもつ個性もクローズアップさせ、興味を持ってくれるようにわかりやすく編集することが重要です。

また、既存の取引先に対しては会社の方針や抱負を載せ、会社の持続的発展を遂げる意思があることをはっきりと表明することで、取引の関係継続のメリットを強調します。近況報告を兼ねて恒常的に発行します。

こうして、新聞記事はＨＰやセールスレターで何度も有効活用し、複合的に外部に向かって発信していけば、ＰＲ効果が増すでしょう。

従業員には、給料明細を郵送するときに新聞記事のコピーを一緒に入れておけば、家族みんなが読むことができます。

会社に対する従業員家族の愛着も増すというものです。

■ 次のステージはビジネスにつなげること

「自分の会社が新聞に掲載されて感激した」

「家族の喜ぶ顔がみられてうれしかった」

「従業員にも自慢して言えることができた」

「新聞記事を読んだ取引先から、〝すごいね〟と言われた」


実際に新聞に記事として掲載されたことのある会社や個人は、このように取引先の反応、従業員の喜ぶ姿、家族の喜ぶ顔など、その効果をすでに実感できていることと思います。


しかし、会社の売上に反映されているのかと聞かれると、

「売上が上がったかといわれると…」

「よくわからない」

「このあと、どうすればいいのかわからない」


このような状態のままでは、せっかく新聞に掲載された記事も、宝の持ち腐れになります。

いつまでたってもビジネスにつなげることはできません。

新聞記事というのは「宝」なんです。ビジネスを生む貴重な宝です。

「新聞にわが社の記事が掲載されて満足だ」というレベルでとまってしまうと、何のためにプレスリリースをつくってきたかがわからなくなります。

繰り返して書きますが、プレスリリースをつくるのは、新聞に載ることが最終目的ではありません。あくまでもこれは入り口です。

最終目的は、「会社の売上げ増に貢献する」ことです。これは絶対に忘れてはいけません。

ですから、宝の山（掲載された新聞記事）を使って、会社の売上にむすびつける努力が必要です。

ちょっとしたエピソードをご紹介します。

私がいつも通っている美容室がありますが、その美容室の位置する通り沿いの1～2キロメートルの間に7つの美容室があります。なかには美容室の経営者のこだわりでしょうか、すぐに美容室とわからない店構えをしているところもあります。

いずれにしろ、なぜこんなに近い距離のなかで美容室がたくさんあるのか不思議です。

でも、よく見ると、「いつもお客が入っている美容室」「いつもガラガラの美容室」があるのに気づきました。

繁盛している美容室には、ある特徴がありました。それは、お客に対して積極的にアピールしているということです。例えば、お店の露出の頻度もそうです。タウン誌はもちろん、新聞にも積極的に掲載されていました。

競合が多い分、そのなかで勝ち残っていかなくてはならないので、「やれることは全部やるぞ！」という感じです。「やる」と決めてお客が入る美容室になるのか、「何もやらない」でいつもガラガラの美容室になってしまうのか。

どっちがよいのかと言えば、当然、「やる」と決めてお客が入る美容室になったほうがいいわけです。

運送会社も同じです。多くの運送会社が競合するなかで自分の会社が勝ち残っていかなければなりません。

その「やる」ことは、新聞記事を有効活用して、何が何でも会社の知名度をあげて、ビジネスにつながるような「仕かけ」をつくる行動に移ることです。


実は5年ほど前まで、わが社も外部に向かってわが社のことを知ってもらおうという努力をまったくしていませんでした。

なぜかと言うと、そんな必要がなかったからです。というのも、それまでは固定の荷主としか取引していなかったので、ＰＲするという必要性すら感じませんでした。

しかも、運送会社という業種はあまりＰＲすることには慣れていません。当然のことながら、取引している会社以外からは連絡はきません。


そんな状況であったため、売上も少しずつ落ちてきます。

「このままではまずいぞ」との危機感が出て、「新規で荷主を見つけなければ」と思い、行動を起こします。

まず自分の会社を世の中に知ってもらうためには何からはじめればよいのか。会社の知名度アップと売上げ増を図るには、プレスリリースづくりが決め手だと判断しました。その辺の事情は「第7章」でも詳しく触れていますので、ご参照ください。

次章からは、第一ステージである「プレスリリースを使って新聞に記事が掲載される」ことから、第二ステージの「プレスリリースで実現した新聞記事をビジネスにつなげる方法」に場面を移します。

第5章

売上げ増につなげる〝必殺技〟

■いよいよ第二段階に突入

プレスリリースをつくって新聞社に送り、取材を受け、記事として掲載される――。これで終わったと思ってはいけません。これはまだ第一段階なのですから。

第二段階は、いよいよ会社の売上げ増にこのプレスリリースで得た成果（新聞に掲載された記事）をどうむすびつけていくかです。

これまで私はたくさんのプレスリリースを書いてきました。掲載されたものも数多くあります。残念ながら空ぶりに終わったものもたくさんあります。

ただ、ある新聞記者に聞くと、「運送会社からプレスリリースがくることは少ない」とのことでした。運送業界向けの業界紙の記者からでさえ同じことを聞いています。

ある意味で、運送会社にいる私が新聞社にプレスリリースを送り続けたのはユニークな活動だったのです。

掲載されたケースが多かったのは、私の提供するネタが取材して掲載するに値するものであったということです。

逆に、掲載されなかったものは、何かが足りなかったのでしょう。それでもめげず、すぐに、「次はきっとうまくいく」と強い心を持つようにしました。

例えば、業界紙にはよく載るものの、一般紙はなかなか新聞記事として取りあげてくれなかった時期があります。

あるとき、「また、ダメだったな～」とあきらめていましたが、プレスリリースを送って1か月以上経った頃、「取材をお願いしたい」との連絡が入ったケースもあります。

採用されなかったケースでは、過去に似たような内容で掲載されていたり、あるいは新聞でわざわざ取りあげるにはインパクトが少し弱い感じのネタであったりと、いろいろ想像することはできますが、本当のところはわかりません。

新聞社に直接聞くこともできません。新聞社もいちいち答える義務はありません。仲のよい新聞記者であれば別ですが、あくまで編集権は新聞社にありますので、我われはその一線を越えて、理由などを聞くのは控えたほうがいいでしょう。

プレスリリースによる情報提供が新聞に掲載されるという成果が出て、次は会社の売上げ増に貢献するという大事なミッションが待ち構えています。

このミッションを実現するにはどうすればいいのでしょうか。

新規に取引をはじめようとする場合、たいていは相手の会社がどのような会社であるかが気になって当然です。

そこにプレスリリースで得た成果（新聞に掲載された記事）が威力を発揮します。

「よく新聞に載っていますね」

わが社の記事が新聞に掲載される回数が多くなると、取引関係のない会社からもこう声をかけていただける機会が増えました。まさに、プレスリリースをつくってきた甲斐があったというものです。

既存の取引先は新聞記事を見て、「我われはこういう会社と取引しているんだ」と誇らしく思ってくれるケースが多く、実際にそう言われたことがあります。

これからもわが社と継続して取引しても安心だという雰囲気すら相手の企業から感じられます。

新規の取引先候補の会社は、わが社の新聞記事を見ていない場合もあるので、掲載されている新聞記事を見ることによって、わが社がどういう会社であるのかを知ることになります。また、「新聞に掲載された」という事実は、新規の荷主にアピールできる絶好の証拠でもあり、信頼してもらうための強い武器になります。

新聞記事はわが社にとっての「宝」であり、「社会的証明」でもあります。

この社会的証明が新規に取引する際の判断材料になる可能性は高いと思っています。これは新聞記事という点が重要で、第3章で指摘したように、広告では効果がありません。

例えば、洗剤や衣類などの広告だと、その商品を売っているその会社の一方的な情報だけが人の目に飛び込んでくるわけで、「この商品、本当に汚れが落ちるのかな?」とか、「本当に着心地がいいのか?」と思ってしまいがちです。

ところが、第三者的な立場で新聞記者が取材し、その商品の特徴を冷静に書いたものであれば、「そうか、この商品はこういうところに特徴があるのか」という具合に読みます。買うか買わないかは、第三者的な視点で書かれたその商品の特徴次第で個人個人が考えることでしょう。

新聞記事とは、読む人にそういう客観的な「信頼性」を与えてくれます。

運送の仕事で依頼先を探している会社（荷主）も、どうせ依頼するなら新聞に掲載されるような運送会社に、と誰もが考えます。

相手に安心感を与えるのがミソです。

もうおわかりだと思いますが、**第二段階に進むための強力なツールは「掲載記事」そのものです。**

■ プレスリリース制作担当者の心構え

プレスリリースで提供した情報が新聞に取材記事として掲載されると、以下のようなメリットが得られます。

・一度でも新聞に掲載されると、その会社の信頼度があがる

・会社にブランド価値がつく
・荷主が仕事を依頼するときに安心して連絡しやすい
・荷主が継続的に選んでくれる可能性が高い
・新規顧客からも問い合わせが入るようになる
・従業員や従業員の家族が喜ぶ

ただ、経営者自身がプレスリリースと会社の売上げ増の関係性をよく理解していないケースも多く見受けられます。

ある会社では、「運送会社にとってなぜプレスリリースが必要なのか」と経営者がプレスリリース制作担当者を問い詰めたそうです。

そして、こんなことを言ったそうです。


「新聞に載ると、あたかも自分の会社が儲かっているように思われる」

「周りからそういう目で見られるのは嫌なんだ」

「目立つことはしたくない」

これを聞いて私は、「なんでそんなふうに思うのかな?」と、本当に不思議でした。でも、実際はこう考える人が多いのかもしれません。

しかし、私はそういう人に「あなたは自分の会社が儲かっていることを隠したいですか?」「あなたは人の目を気にしますか?」「あなたはこっそりと儲けたいですか?」と問い返したいです。

「経営者の仕事」というのは、「会社に利益を出す」ことです。会社が儲かっていることを隠す必要なんてまったくないはずです。むしろ、儲かっていないというほうが恥ずかしいと感じるくらいでないと、経営者であることを自分で否定してしまうようなものです。

経営者が人のうしろに隠れて商売をするのはやめた方がいいと思います。正々堂々と顔を出して、経営していきましょう。自分からアプローチしていくことはとても大事なことです。じっとしていたら、つかめるチャンスも逃してしまうことになります。

第4章で「いつもお客が入っている美容室」「いつもガラガラの美容室」の例をだ

しましたが、それと同じです。

美容室や飲食店であれば新聞記事になって評判を呼び、お客が増えるという目にみえる成果があるのでわかりやすいですが、運送会社はモノを売っているわけではありませんので、プレスリリースと会社売上げ増の関係性がなかなか経営者に理解されにくいのも事実です。

プレスリリースと会社の売上げ増の関係性をよく理解していない経営者というのは、「すぐに結果がほしい」という短気な性格の人が多いようです。

新聞記事が必ずしもすぐに収益をだせる即効性のあるものではありませんが、プレスリリースと新聞記事を有効に活用する努力を続けることで、私は会社の売上げ増に貢献してきたという自負があります。

経営者の仕事は、会社の事業に関わるすべてのことを「決定すること」です。商品戦略、価格設定、営業活動、販売方法など、たくさんあります。その営業活動のひとつにこの「プレスリリース」があります。

とくに、潤沢な予算を割けない小規模企業や個人事業主には、コストのかからないプレスリリースと掲載記事の有効活用が営業の必殺ツールであることを認識してもらう必要があります。そうでなければ、会社の売上げ増は実現しません。

■ 営業ツールとしての掲載記事

新規に取引したい会社宛に、わが社がセールスレターを送っていることはすでに第4章で触れましたが、ここであらためてHPとセールスレターについてもう少し説明します。

掲載された記事をスクラップブックに貼りつけ、それ以外は何もせず、放っておくだけではただの自己満足で終わります。そのあとは、何も生まれません。私は掲載された新聞記事をこのセールスレターの紙面の中に説明を加えて入れます。

新聞記事だけコピーして別に入れることもありますが、やはりセールスレターの紙面に反映した方が読む人にはわかりやすいと思います。

セールスレターを出すには郵送代（切手代）もかかりますが、それは顧客拡大のための最低限の必要経費です。

ＨＰにも新聞記事をアップしています。わが社のＨＰにアクセスしてくれた人は、わが社の事業紹介だけでなく、こうした新聞記事も目にすることでしょう。ＨＰは既存の取引先よりも、新規顧客向けの情報発信ツールとしても有効に働くことがあります。

運送会社でＨＰをつくっているところは少なかったのですが、最近は少しずつ増えてきました。

少し前までは、「運送会社にＨＰは必要ない」「商品を販売しているわけじゃないから意味がない」「ＨＰなんてなくても困らない」「パソコンは苦手で…」などの理由でつくらない運送会社が多かったのです。

ただ、個人をベースに、何か欲しいものや調べたいときはどうやって探すかを聞いてみると、「電話帳を開いて探す」「誰かに聞く」「自分の足を使って探す」「ネットで検索する」のうち最近では大半がネット検索を選ぶ人が多くなっています。

私用ではネット利用が増えているのに、会社のＰＲにはまだ使っていない、という乖離があるようです。
インターネットが普及している現在、パソコンがなくても、どこにいても、誰でも携帯から簡単に探しものを検索することができる環境になっています。運送会社も意識改革が必要でしょう。

私が運送業を専門とするコンサルタントの方のＨＰにたどり着いたように、荷主だってＨＰから取引先企業を探している可能性は高いと思っています。実際にわが社でもＨＰをつくってみると、問い合わせが入るようになりました。

荷主がＨＰで依頼先を探していることをあまり過度に期待し、待っているだけという姿勢になってはいけませんが、活用価値は大きいと思います。
ＨＰをつくっていない会社は、すぐにＨＰを立ちあげたほうがよいでしょう。とくに小規模会社であれば、この状況に対応すべきです。

ＨＰとセールスレター、両方を駆使しながら会社の実績を積極的に、継続的に、長期的に外部に知らしめていく。これが小規模企業や個人事業主にとっては強力な営業活動になるはずです。

私の経験談をご紹介します。

そもそもわが社には設立以来、営業の専門部署などありません。ほかの中小規模運送会社も似たようなものだと思います。あるのは配車や総務・経理を担当する事務部門だけで、あとは実際の運送に携わる現場のドライバーだけです。

社長自らハンドルを握る会社もあれば、経営に専念する社長もいます。わが社は前者のほうです。社長自身、トラックが大好きなので、率先して運転しています。

営業は私がやるしかないのです。

私が以前につくったセールスレターの文面を少しだけご紹介します。

「私はプレスリリースというノウハウを使って、わずか2年ほどの間に20回以上、新聞掲載に成功することができました。つまり、毎月毎月、どこかの新聞に、会社の記事が掲載されていたことになります。お金を払って広告をかけていたとしたら、確実に、数千万円以上の広告費になっています。

下記は、実際に私が掲載された新聞記事のほんの一部です。――（略）――」

この説明のあと、セールスレターには新聞記事の切り抜きを8～10枚ほど貼りつけています。

こういう仕かけのセールスレターを見て、「もう少し詳しい話をお聞きしたい」と連絡がくることもあります。

口だけでは誰も信用してくれません。どんなにメリットやベネフィットを説明しても、信じてもらえなければ意味がありません。

第3章で佐野実さんのラーメンの例で説明したように、掲載された新聞記事を「会社の社会的証明」として示せば、「この会社の言っていることは信用できる」となります。

■ ニュースレターで相乗効果を

HPとセールスレターに加え、3年前からニュースレターも発行しています。HP、セールスレターに続いて、取引先拡大や新規荷主の獲得の役割を担う第3の柱が育ちつつあります。

ニュースレターと聞けば、社員旅行などの読みもの、来客者に配る社内報のようなイメージをもつ人が多いと思いますが、このニュースレターは対外的に威力を発揮する立派な営業ツールになると考えています。

セールスレターには入れにくいものでも、ニュースレターであれば載せられるというものもあります。

ニュースレターをつくる目的は、「あなたの会社が忘れられないため」「荷主を獲得するため」という説明をしていますが、それ以外にも多様な使い方ができます。

例えば、従業員のプロフィールなどは違和感なくニュースレターには入れられます。

2014年12月15日に物流ウィークリー紙に『誠実、的確さがモットー　伊藤ハウス　金子孝治さん』という記事が掲載されました。これはわが社の従業員個人に焦点をあてた記事ですが、これをニュースレターにも掲載しています。

営業のための直接的な販促ツールであるセールスレターとは違って、ニュースレターは営業面を強く押し出すという紙面構成にはしていません。

掲載記事は載せていますが、同時に会社の日常的なこと、社長のこと、従業員のこと、という具合に、それぞれの個性および人間性を紹介する内容です。取引先もこのニュースレターを読んで、事業紹介や数字だけでは説明できないわが社の姿が記憶にとどまるようにと思ってつくっています。


そして、わが社のことをいつまでも覚えておいていただくために、取引先に定期的に送っています。これは既存の取引先の流出を防ぐ働きもします。

これらの機能は、間接的にもあなたの会社の営業活動に役立つのです。


随分前のことですが、ニュースレターを見てある会社から連絡が入りました。

わが社が運送業だけでなく、農業用ビニールハウスの施工を手がけていることをニュースレターに入れ、その施工事例なども紹介していました。

わが社を運送会社と思っていたその会社は、農業用ビニールハウスの施工ができることを知って連絡してきました。

決してわが社から売り込んだわけでもないのに、新しく取引案件が増えたのです。

■ザイアンスの法則とニュースレター

ところで、人は知らないことに対して攻撃的で冷淡な対応をとりがちです。しかし、会えば会うほど好意をもつようになります。また、人は相手の人間的な側面を知ったとき、より強く相手に好意をもつようにもなります。

これは心理学用語で「ザイアンスの単純接触効果」、「ザイアンスの法則」と言われています。１９６８年にアメリカのロバート・ライアンが発表したものです。

この単純《たんじゅん》接触《せっしょく》効果《こうか》とは、繰り返し接すると好意度や印象が高まるという効果のことを意味しています。

ライアンの実験では、目の前にいない人物の顔写真をみせて、「人というのは一番数多くみせられた写真の人物を好きになる」という結果が出ています。

日本の論文でも、齊藤勇氏の『対人社会心理学重要研究集（2） 対人魅力と対人欲求の真理』によれば、接触回数が増えるごとに好感度があがるザイアンス効果の曲線について説明していますが、それによると、接触回数が10回目あたりから好感度の曲線が一気にあがっていることを指摘しています。

例えば選挙の時期に、「○×、○×をよろしくお願いします」「投票には○×とお願いします」と、朝から夜までひっきりなしに名前を連呼して選挙区内のあちこちを走り回る選挙カーがみられます。

政策はそっちのけで、候補者の名前ばかり大音量でアナウンスするだけです。

実は私は以前、頼まれて選挙のウグイス嬢をしたことがあります。そのとき、アナウンスする用紙には、これでもかというほど、びっしりと候補者の名前だけが書きこまれていました。ひたすら、名前を連呼しながら各地を回るのです。

ザイアンスの法則に従えば、候補者の

時代に合った仕事を

伊藤ハウス　若い発想力が必要

【愛知】伊藤ハウス（田原市）の伊藤和年社長は、「これからは時代のニーズに合った仕事をしなくてはならない」と語る。社長自身も代替わりして2年が経過。周りの同業者を見ても、世代交代の波が来ているという。「時代は常に動いている。昔ながらの思考ではなく、時代に応じた若い発想力や柔軟性も必要」。

トラック業界のレベルアップにも言及し、「安い運賃に対しては毅然とした態度を示すことも重要。質の高いサービスで適正運賃の収受に努めたい」と意気込む。質の高い仕事をするためには健康な身体が不可欠だが、「身体が資本という認識が第一条件」と話すように、多忙な合間をぬってジョギングをしたり、野菜を中心とした食生活を送っているという。

最後に、「質の高い、安定した仕事で荷主との信頼関係を築き、業界の中で常に発信し、リーダー的な存在になれるように精進していきたい」と締めくくった。（伊藤行理）

伊藤社長

物流ウィークリー（2014年1月13日）掲載

名前を連呼することがポイントで、毎日毎日、同じ名前を聞いていると、投票場では条件反射でその人の名前を書いてしまったりすることがあるようです。

会社のなかでも同じ現象が起きます。

毎日顔を合わせるとだんだん仲よくなります。新入社員同士でも、他部署に移動したときでも、時間とともに仲よくなります。顔写真だけ何度もみせられると、これと同じ効果があるわけです。

定期的に送られてくるニュースレターに載っている顔写真を見ていると、実際に会わなくても、いつの間にかいつも会っている気になってきます。何となく親しみも増します。

運送会社にとって荷主は遠方にいることが多いので、会うのは年に一回とか、電話だけだということもあります。荷主が遠方であれば毎月会うのは実際大変ですが、ニュースレターを毎月送るだけで、前述のような理由で関係性の維持が可能になります。

ニュースレターで会社の取り組み、社長の言葉（考え、理念）、従業員の活動、仕事風景などを写真とともに定期的に送ってあげることで、関係性の維持が期待できます。

「人は知らないことに対して攻撃的で冷淡な対応をとることが多い」というマイナスの現実を、ニュースレターはカバーしてくれる優れものなんです。

■　二次使用で会社の売上げ増に

経営者が目指す経営方針などはＨＰやセールスレターに載せて発信することが多いわけですが、それ自体をプレスリリース化して情報発信すると、新聞記事になることもあります。

実際に、『時代に合った仕事を　若い発想力が昼用　伊藤ハウス　伊藤社長』という記事が物流ウィークリー（２０１４年1月13日）に掲載されました。


このように、経営方針を対外的に発信する手段としてのＨＰやセールスレターを有効的に活用してプレスリリース化して新聞記事へという具合に系統的に組みたて、経営者本人の世間への露出頻度を高めていくのも重要です。

やはり、経営者は会社の〝顔〟なのですから。

ニュースレターの発送が少しでも遅れると、「まだ届かないんですが…」と連絡が入ることがあります。「読んでもらっているんだな」と実感します。

新聞に掲載された記事はハサミで切り取ったり、コピーしたりして、一枚一枚大きなボードに貼りつけています。

場所は本社事務所の入り口近くで、来客者がひと目でわかる場所に設置しています。

「こんなに記事になっているんですね」

皆さん、その量の多さにびっくりされます。

このボードの効果としては、次のようなものが挙げられます。

・従業員の士気があがる
・来客者の目にとまる
・新聞記事をみなかった人に対してもアピールできる
・プレスリリースをつくる担当者自身にやる気が出る

来客者の口コミであっても情報が次々に拡散していけば、会社の信用度はさらにあがることになります。

プレスリリースをつくることからはじまり、二次活用・三次活用は営業の強力なツールとなり、さて次は、最終コーナーへと進みます。

私がこのプレスリリース技術を駆使した結果、**最初の一年で獲得した新規客だけで2100万円以上の売上げにつながっています。**

掲載された新聞記事をHP、セールスレター、ニュースレター、そして口コミなどを介して二次・三次活用ができたことで、多くの取引先や取引先候補（新規顧客）に対してわが社の「社会的証明」を伝えることができました。

プレスリリースで売上げ増を達成するという私のミッションはまだまだ続きます。

第6章 プレスリリースと取材対応

■ 取材依頼がきたときはどう対応するか

プレスリリースをつくって新聞社に送り、新聞社がそのネタについて興味をもてば、記者から電話がかかってきます。

プレスリリース担当者がいつも電話をとれる環境にあるとは限りません。そういうとき、気をつけるべき点がいくつかあります。

記者はプレスリリースの内容について質問をしてくることもあれば、いきなり取材日のアポイントの話になることもあります。

電話をとるのは社内の誰でもいいのですが、まずどういう内容の電話か、それを確認して一番よい方法をとることが大事です。

用件がプレスリリースの内容についての問い合わせやアポイントの相談であれば、担当者に電話をまわします。もし担当者が近くにいないときはすぐに探して、連絡させるようにします。

また、担当者が会社を不在にしている場合を想定して、関連情報を事前に社内に伝え、情報の共有化を図っておきます。できれば最低限の「電話対応マニュアル」も用意し、誰でも柔軟に電話対応できるようにしておければ尚更いいでしょう。

経営者（社長）が取材対象になっている場合は、かならず本人にはそのことを伝えておいたほうがベターです。余計な期待感を抱かせるので、取材が決まるまで知らせないほうがよいという考え方もありますが、取材が実現するかどうかは確約できないことも一言添えて伝えておけば十分なフォローと言えます。

どうしても掲載して欲しいネタの場合は、取材日時は相手（記者）の望む条件に極力合わせることも必要かと思います。そうしなければ、取材のタイミング、記事掲載のチャンスを失うことになりかねません。

私が経験した悪い電話対応の例をご紹介します。

あるとき、トラックを探す用件が発生したのでネット検索し、某運送会社のホームページ（ＨＰ）にたどり着き、電話をかけました。

すると、いきなり、

「誰の紹介？」（相手）

「紹介ではなく、ＨＰを見て電話しました」（私）

「あー、そう」（相手）

「………」（私）

たった一言二言のやりとりでしたが、のっけからの実に無礼きわまる電話対応に、私は肝心の要件を聞いてみる気にもならず、「間違えました。失礼します」とすぐに受話器を置きました。

運送会社に連絡するときは誰かの紹介がないと電話すらしてはいけないのかと、あきれてしまいました。こんなバカな話はありません。

何のためにＨＰをつくっているか、疑いたくなりました。

しばらくは開いた口が塞《ふさ》がりませんでした。

運送業界の場合、全部とは言いませんが、やや乱暴に対応する会社が多いのも事実です。しかし、電話対応だけはやはりきちんとした方がいいでしょう。

■新聞社との信頼関係を構築

新聞社からの電話で取材アポイントが決まり、記者が会社に取材にやってくる前にプレスリリース担当者は準備しておかなければならないことがあります。

取材に関わる資料を揃えておくことです。例えば、燃費などに関するトピックの場合は、その数値を示す資料類などを用意しておきます。資料はプレスリリースをつくるときにそばにおいて保存していますが、取材記者に渡すときは、資料をそのまま渡すのではなく、ファイルや社用封筒に入れて渡すような配慮をしたいものです。

「HPに載っていますから、資料などはそちらで見てください」

いくらなんでもこれはひどい。アウトです。

最悪なのは、HPのURL（情報資源の位置を示すデータ記号）も教えず、「ネット検索でウチの会社名を打ち込んでいただければ、必ず出てきます」と。

こういう担当者は失格です。

ＨＰに掲載されている資料を記者に渡したい場合は、プリントアウトして渡すべきです。相手（記者）に負担をかけないようにデータは前もって揃えておきましょう。

参考までに、取材する側（新聞社）の情報収集と取材を受ける側（企業や個人）の事前準備については、取材のきっかけがどちら側にあるかで多少異なってきます。

新聞社あるいは記者自身が見つけた特ダネやトピックを取材する場合は、彼らなりの方法を駆使して自分たちで情報収集します。取材対象企業のＨＰに載っているすべてのデータもチェックします。その一方で、企業側にも資料の提供を依頼します。

一方、プレスリリースで情報発信して新聞社に取材を働きかける場合は、持ちかける企業側が取材のテーマに関する資料類を全面的に新聞社に提供する必要があります。

したがって、前述のように「当社のＨＰを見てください」と安直に済ませようとするのは論外です。きちんとプリントアウトし、相手に提供すべきです。これがプレスリリースを介して取材にきてくれた記者に対する誠意です。

記者の質問にはわかりやすく答えることが重要です。

「いやー、どうだったかな?」

「たぶん……」

「……そうだったと思います」

こんな対応だと、「この人大丈夫かな」「このネタは心配だな」と思われてしまいます。

取材されたからといって100%掲載されるとは限りませんが、それでもやはり誠心誠意、取材対応することが礼儀です。

取材にかかる時間は内容にもよりますが、基本的に1時間くらいが普通です。

絶対にやってはいけないことはまだあります。

「このように書いてください」

「事前に原稿をみせてください」

「必ず掲載してください」

これらは禁句です。新聞社あるいは記者のメンツを潰すようなもので、嫌がられます。

また、ウソは絶対にダメです。大げさに数字を増したり、適当に答えてはいけません。取材記者は必ず見破ります。

こんなことをすると、信用されなくなり、二度と取材にきてくれなくなります。

こうしたことに気をつけておけば、あなたの会社に対する記者の印象はよくなり、いつまでも覚えておいてくれます。記者自身がネタに困った場合、「何か面白いネタはないでしょうか」と連絡してくることがあるのも、こうした信頼関係があるからこそです。

細やかな配慮は新聞社との長い付き合いを維持するコツです。

■ 取材を受ける心構えとルール

記者はカメラを携えて取材にやってきます。カメラマンがついてくることもありますが、それは取材の内容によって新聞社が判断します。

大手一般紙でも業界紙でも記者自身がカメラを持って取材にやってくることも少なくありません。


女性ドライバーが取材対象になることもありますが、その際に、女性ですからキレイに撮って欲しいと思い、髪をおろしてカメラの前に立つこともあります。

通常は作業服を着て活発に動き回っている彼女（ドライバー）の姿を見慣れている荷主（企業）がその写真つき記事を見て「あれっ、△○さん、こんな感じだったかな」と違和感をもたれることもあります。


業界紙はカラーで載せてくれることが多いのですが、だからと言って、お化粧して妙に女っぽくみせる必要もありません。記者が写真を撮る目的というのは、女性ドライバーの現場感を出すことであって、キレイに撮ってあげることではないからです。

清潔感さえあればいつも仕事しているときのように、作業服のほうが断然似合うのです。

ただし、ドライバーといっても女性ですから、髪の乱れなどは気にします。男性記者だとそういうところは無頓着で、気づきません。

プレスリリース担当者が女性であれば、記者のそばにいて、アドバイスしてあげればきっといい写真になります。そういう気づかいも必要です。

運送会社の社長、従業員（事務職、ドライバー）が新聞に写真つきで載る場合、荷主企業から信頼感が得られるような写真である必要があります。

そのためには服装もポーズもよそ行きの非日常的なものであってはいけません。いつも仕事しているときのように自然に、そして親近感がわくような写真が好まれます。

中小規模の運送会社では社長自らハンドルを握っていることも多いので、作業服のままの写真撮影でも構いませんが、取材の中心テーマが経営の話であるなら、やはり経営者らしいスーツ姿のほうがいいでしょう。

トラックと一緒に写ったほうがいいのか、荷主と打ち合わせているときに写したほうがいいのか、ＴＰＯ（時間、場所、場合）に応じて服装もポーズも考えましょう。

最近のラーメン屋さんの宣伝写真で気になるのは、頭にタオルを巻き、腕組みをして上半身をややうしろに反らしたようなポーズでポスター撮りしているケースが多いことです。

さすがに頭にタオルは巻いていませんが、同じようなポーズをとって雑誌に載っている背広・ノーネクタイ・襟高Ｙシャツ姿の若いＩＴ経営者も多くみかけます。どれも同じような恰好で、いかにも「つくられた写真」にしか見えません。

プレスリリース担当者は、時間があるときに社長や作業風景など写真を撮って保存しておくのもひとつの方法です。場合によっては、取材記者に提供することもできます。

■新聞社はプレスリリースをどう見るのか

企業からプレスリリースを受け取る側（新聞社あるいは記者）は、実際のところ、プレスリリースについてどういう印象をもっているのか、気になるところです。

私が新聞社に向けて送るプレスリリースについての感想が知りたくて、以前に以下のような質問を各社にしたことがあります。

質問したい点は66項目にもなりましたが、それぞれ明確な回答を得ました。ただし、ここですべてをご紹介するのは紙数の関係で難しいため、抜粋してご紹介します。

【プレスリリースに関する質問】

〈1〉報道用資料のレイアウトは見やすいか

報道用資料のレイアウトは「とくに違和感はありません」という感想が多く、概ね好評でした。ですから、この本で参考資料として掲載しているプレスリリースの「ひな型」は皆さまに自信もって提供いたします。

〈2〉宛名はどのように書くといいか
〈3〉担当者の名前が分らないときは、どのように書けばいいか
〈4〉電話で担当者の名前を聞いてもいいのか
〈5〉宛先の名前がある場合と、取材担当者様と書いてある場合では反応は変わるか

〈6〉担当部署を書いた方がいいか
〈7〉担当部署がわからない場合は、どのようにすればいいか
〈8〉電話で確認したほうがいいか
〈9〉電話で聞くと迷惑か

〈2〉から〈9〉までは、宛先に関する質問ですが、「基本的にFAXを送る前に各新聞社に電話で確認してから送ったほうがよい」との意見です。確認のための電話は必須です。新聞社もこれくらいの対応はしてくれます。この作業をしないまま、宛先が不確かなまま送ると、新聞社内でも行き場を失う恐れがあります。

とくに〈5〉は、第2章で「取材ご担当者様」と書いておけば失礼にあたらないと書きましたが、やはり担当部署も担当者名もあるほうが、着実に届きます。新聞社側の扱いも変わってきます。

〈10〉プレスリリースを送るのは何曜日がベターか
〈11〉読まれやすい曜日は
〈12〉避けたほうがいい曜日は

〈13〉プレスリリースは何時（時間帯）に送るといいか
〈14〉記者がすぐに確認できる時間帯というのは

これらは、各新聞社の事情によるので、時間帯や曜日はそれぞれ確認しておいたほうがいいでしょう。各社共通しているのは、締め切り時間に近づけば近づくほど、忙しいということです。プレスリリースに目を通す時間がなく、下手すると、どこかに置いたまま忘れられることもあります。

〈15〉プレスリリースが送られると、一番はじめに誰が確認するのか
〈16〉その後、どのようにして取材担当者の手元へ届くのか

プレスリリースは、まず各部門の責任者が目を通し、そのあと担当者が決まり、担当者に渡る、というのが一般的です。

〈17〉どれぐらいの量と頻度でプレスリリースが送られてくるか

各社各様ですが、1日100通の新聞社もあれば、数百通も届く新聞社もあります。

〈18〉ボツになったプレスリリースはどうなる

〈19〉ボツになったプレスリリースでも、その後、取材対象になることもあるか

担当になった記者が電話確認した結果、使えそうになかった場合は記者の判断で取材不要と判断することも可能です。その場合でも、上司へ報告することになります。ただ、時間を経て、状況変化があった場合など、ボツになったプレスリリースのネタが生き返ることもあります。

机の引き出しのなかにしまっておき、いつでも取りだせるようにしておくこともあるからです。そういう意味で、記者は気になった記事のネタには貪欲です。

〈20〉送ったプレスリリースは、全部読まれるか

送られてきたプレスリリースの全文を新聞社がすべて目を通すことは難しいでしょう。しかし、どの新聞社でも最低限、見出しだけは見ているそうです。

〈21〉どれぐらいの文字数が読みやすいか
〈22〉読みやすい文字の大きさは（標準は、10・5P）
〈23〉読みやすい文字の書体は（明朝体、楷書体、ゴシック体、行書体、POP体など）
〈24〉避けた方がいいような書体は
〈25〉写真などの参考資料がなくてもプレスリリースの内容は伝わるか
〈26〉長い文章だと読まれないのか
〈27〉1回のプレスリリースにネタを2個も3個も書く人はいるか
〈28〉どんなネタだと喜ばれるか　また、どんなネタが取りあげてもらいやすいか（例えば、人材育成、コスト削減、イベント、ドライバー、荷主、季節、地域貢献、経営改善――など）
〈29〉迷惑なネタというものはあるか

〈21〉から〈29〉は、「あまり気にしなくてもいい」という新聞社が多いような感じでした。ただし、〈25〉は、写真がなければよくわからないトピックの場合は、つけたほうがよいという意見もありました。

〈26〉は、内容にもよりますが、記者は文章のプロですから、短いものでも長いものでも読みこなします。内容が空疎で長いものは途中で記者は読むのをやめます。短くてもトピックの内容と起承転結がハッキリしていていれば好感度は高いでしょう。A４版１枚のプレスリリースはそういう意味で、ベストの文量のようです。

〈27〉のようなプレスリリースはあまりないようです。〈28〉は、時期・季節や時流によって異なるので、送る側が気をつけなければならない点です。

〈29〉について、ネタそのものは、そこまで気にしなくても良いとのことですが、過去に迷惑だった事例として、以下のようなものが指摘されています。

「毎日毎日、同じ内容のプレスリリースがＦＡＸで送られてくることがありましたが、これは迷惑です。その会社には取材に行こうという気にもなりません。郵送でも同じようなことがありました。取りあげてもらえないなら、その情報内容を変えて、別のプレスリリースにしてから送ってほしい。取りあげてくれるまで同じ内容のプレスリリースをＦＡＸしてくるのはルール違反です」

こういう行動は、もはやストーカーです。これはやってはいけません。

ただし、異なる情報であれば、遠慮することはありません。多くのプレスリリースを新聞社に送りましょう。こういう送り方であれば新聞社もきっと歓迎してくれるはずです。

〈30〉プレスリリースはＦＡＸで送った方ほうがいいのか
〈31〉送る方法はメール、郵送、電話などれがいいか
〈32〉それぞれの方法について、メリットとデメリットは
〈33〉ＦＡＸのメリットとデメリット
〈34〉メールのメリットとデメリット
〈35〉郵送のメリットとデメリット
〈36〉電話のメリットとデメリット
〈37〉運送会社は顔を出したがらない人が多いと聞くが、どうか

ＦＡＸのほうが受けとりやすいし、目立ちやすいという意見が多い一方で、メール時代なので、最近はメール添付も多くなってきているようです。

新聞社によって異なりますが、一般紙は相変わらず封筒で送ってくるケースも珍しくありません。全体として共通しているのは、「内容次第」という意見が多く、内容がよければ電話でもメールでもいいということでしょう。

〈38〉最近はプレスリリースをしている運送会社は多くなったか

「確かにそういう傾向にあるようです」とのことでした。

〈39〉プレスリリースをする会社の共通点はあるか

「情報発信に力を入れている会社という印象があります」という回答でした。

〈40〉どのような読者が多いか
〈41〉荷主にも読まれているか
〈42〉荷主が業界新聞を購読している理由は何か

わが社との付き合いが長いある業界紙によれば、読者は物流関係者が多く、荷主系の読者も15%ほどいるとのことでした。
そこでさらに突っ込んで〈42〉の質問をすると、「業界動向を把握したくて購読しているようです」と教えてくれました。

〈43〉ホームページがある会社のほうが取材対象になりやすいか

〈44〉立地が有利なほう取材対象になやすいか
〈45〉新聞社から遠方にある会社でも、取材にきてくれるか
〈46〉取材対象になりやすい地域というのはあるか
〈47〉取材に行きにくい地域というのはあるか

これらは、あまり関係ないようです。とくに、〈45〉は、面白いトピックがあれば、いくら遠くても取材に出かけるのが新聞社や記者の本能です。ただし、〈47〉は、支局がないエリアの取材は定期的に最寄りの支局から訪問しているものの、取材時間はどうしても限られているようです。

〈48〉プレスリリースを送るタイミングが合わなかった場合は2度、3度同じプレスリリースを送っても大丈夫か
〈49〉もし大丈夫であれば、どれぐらいの間隔を空けたほうがいいのか

〈48〉は「問題ありません」、〈49〉は「内容次第」との回答ですが、期限のないようなトピックであれば、再送する期間は空けたほうが無難だとのことです。

〈50〉取材が決定したあと、日時の確認などの電話対応が悪かった場合は取材がキャンセルになることもあるか
〈51〉電話対応で、嫌な経験はあったか
〈52〉取材が決まった場合、対応するのは社長がいいのか
〈53〉取材時間は平均どれぐらいでか

とくに〈50〉については「そういうこともあります」ということなので、みなさんも電話応対には十分に気をつけてください。〈52〉は「いちいち〝社長に確認します〟と言われると記事にできないので、できるだけ社長のほうがいい」という返事でした。〈53〉の取材時間は1時間前後という回答が多くみられました。

〈54〉ネタによっては、資料を用意しておくべきか
〈55〉写真はどういうときに撮るのか

〈54〉は、資料が多いほうが書きやすいそうです。〈55〉は、カメラマン同行の場合は取材中にカメラマンが撮りますが、記者ひとりで行く場合は取材のあとに撮ります。

〈56〉写真が掲載されるかどうかの判断は何を基準にされるのか
〈57〉記者と仲よくなると掲載されやすくなるか

〈56〉は、基本的に編集判断になり、記者に権限はありません。〈57〉も基本的に編集判断になり、記者に権限はありません。ただし、記者も人間ですから、「頑張って書くかどうかという点で言えば、多少は影響する」との声も聞かれました。

〈58〉他の会社とネタがかぶった場合は、取材対象になるか

「新聞社ではあまりやりたくないというのが本音ですが、どうしても書かなければならないトピックもありますので、そうしたときは後追い記事も仕方ない場合もあります」との声も聞かれました。

〈59〉取材はどのような経緯で決まるのか
〈60〉繰り返し取材に行きたくなる会社とは、どんな会社か

〈59〉は、やはり内容次第。〈60〉は、「記事が書きたくなるようなおもしろい取り組みをしている会社」という回答です。

〈61〉社長自身がハンドルを握っているので、アポイントを確保するのが難しい場合はどうすればいいか

〈62〉そういう場合は、取材対応から外されるのか

〈61〉は、候補日をいくつか用意しておく配慮が必要でしょう。〈62〉では、「後回しになる可能性が高い」ことも覚悟しておかなければなりません。

〈63〉直接会わなくても、他の方法で取材を受けることは可能か

電話取材というケースもありますが、「そこまで記者が取材したいかどうかは内容次第」ということでした。

〈64〉掲載後は感謝の言葉を伝えたほうがいいか

〈65〉その場合は電話、メール、ハガキ、どの方法がベストか

これらは、「記者の励みになります」「次につながると思います」ということなので、お礼の言葉は必ず伝えたほうがいいでしょう。電話が一番だという記者もいますが、メールでもハガキでももらって嬉しいことに変わりはありません。

〈66〉記者の立場から取材される側に伝えておきたいことはあるか

これについては、いくつかコメントが出ていますので、以下、箇条書きにします。

・間違った資料やデータを渡さない
・原稿チェックしたいと言わない
・こう書いてほしいと言わない
・いつ、どの面に、どれくらいの大きさで載るかなど聞かない
・掲載紙を何部ほしいと頼まない
・新聞社から許可をださない前に掲載記事を自社のＨＰなどに掲載しない
・写真撮影を拒否しない

・取材されたら必ず掲載されるとは思わないこと

以上のような点は、取材された経験のある企業であれば是非にも聞きたいところでしょうが、新聞社の言い分は尊重しましょう。

以上、かいつまんで紹介してきましたが、新聞社の方針、記者個人の個性など、さまざまな要因がありますので、こうした回答がすべての新聞社や記者とピッタリ一致しているわけではありません。

ここでは、このような点に留意しながら、プレスリリースをつくることが大事であることだけを指摘しておきます。

ただし、常識の線というものもありますので、それは共通項として覚えておき、あとは新聞社ごと、担当記者ごとにプレスリリース制作担当者が自分でノートにまとめて整理しておいたほうがよいでしょう。

第7章

人生の転機となったプレスリリース

■最初は平穏なパート勤務の日々

この章では、どうやって私がプレスリリースに出会い、なぜここまで入れ込むことになったのか、そのいきさつをお伝えしたいと思います。

長かったけれど、短かった。会社に入って今に至るまで、そんな12年を前半はけっこう気楽に、後半は一転して目が回るような忙しさで過ごしてきました。

会社に入社した2003年当時、社長は主人の父でした。私にとっては義父です。最初、私はパートで入ります。その頃、私はすでに主人と結婚しており、子供も3人いました。子育てしながらの勤務です。会社勤めははじめてのことでした。

ただ、パートといえども会社から給料をもらうわけですから、働く意味とか、会社で私が果たすべき役割とかをはっきり自覚しておかなくてはならなかったわけですが、当時はそういう意識は強くなく、私がせっせと働かなくても、会社はそれなりに発展していくのだと、思っていました。

パートなので、余った時間は趣味のお菓子づくりとかガーデニングなどに使い、「このままずっとこんな感じで10年、20年が経ち、お金もそれなりに貯まり、楽しい老後が待っている。そんなありふれた人生が待っているんだろうな」とひとりで勝手に想像していました。今振り返ると、時間を巻き戻したい気持ちでいっぱいです。

義父が経営する会社は農業ハウスの施工や、それに伴う農業資材のトラック配送を行っていました。バブルの頃はかなりよかったようです。主人が会社に入ってからは義父が配送、主人が施工を担当するという形で役割分担していました。私は入社してから経理を手伝ったり、雑用をこなしたりしていました。私が正社員になったのはパート入社してから5年後の2008年です。

子供が学校から帰る頃には自宅にいなければならないので、パート時代は朝9時から午後3時、正社員になってからは朝9時から夕方5時までが勤務時間でした。正社員になっても、経理や雑用、そして農業ハウスの基礎石の型枠を磨いたりしていました。そういう生活にも満足していました。

あるとき、私は会社の仕事を知りたいと思い、農業ハウスの施工現場に出たことがあります。よりによって、真夏のジリジリと太陽が照りつける中、汗だくになりながら作業しました。立っているだけでも暑いのに、炎天下のもとで数か月間働きました。

材料はパイプや鉄骨なので、それを運ぶのは重労働です。1本1本運んでいたら日が暮れてしまいます。女だからと言って決して甘くしてくれません。

脚立からすべって落ちたこともありました。きっと足手まといだったに違いありません。でも、経験したおかげで、現場の仕事がいかに大変かがわかりました。

■農業衰退で仕事が減って会社の危機に

私の平穏な日々が変わったのは、2010年前後のことです。

それは、日本の農業の衰退と関係しています。ここ何十年も前から衰退気味だった日本の農業ですが、以前にもまして農家のあと継ぎがいないとか、市街化のために農地が転用されるとか、私の住んでいる周辺の地域だけでなく、全国的にも農業の衰退が止まりません。農家は設備投資も控え、農業はさらなる縮小へと向かいました。

わが社もその影響でメインの仕事だった農業ハウスの施工も件数が少なくなり、工事単価も年々下がってきました。会社の危機です。

「農業ハウスの施工だけではジリ貧だ」と、尻に火がついた状態の社長と主人がこの難局を乗りきるために、何度も何度も話しあって、最後は主人が大きな決断をします。会社の2本柱（農業ハウスの施工、農業ハウス関連資材の配送）を継続しつつも、社業の力点を運送業に移すというものでした。

■難局打開に向けて運送会社へと業態変更

事業の主軸が運送業に衣替えすると言っても、社内に運送会社を経営したことのある者は誰もいません。農業資材の配送は農業ハウスの施工で派生する業務なので、厳密に言えば、運送会社としての仕事ではありませんでした。

運送会社を経営するには、「一般貨物自動車運送事業」認可が必要となりますが、その認可を受けるには、社内に「運行管理者」資格を持つ者がいなければなりません。運行管理者には、トラック運転手の乗務割作成、休憩・睡眠の管理、運転手の指導監督 ― などの役割と責任があります。これは、運転手の健康状態を十分に把握することで安全な運行ができるようにするためのものです。トラックの台数が5台～29台の場合は、運行管理者の有資格者が社内に一人いれば事業認可の申請ができます。

「資格を取ってくれないか」

こう主人から言われました。2008年のはじめでした。実は、それとなく予感はありました。

主人は危機を乗り越えるために会社の業態変更を目ざして日々奔走《ほんそう》していましたし、社長（義父）にはそんな無理はさせたくないこともわかっていました。時間的な余裕がある私に白羽の矢がたったのは自然な流れだと思っています。

常日頃、私は主人から言われ続けていたことがあります。

「電話番だけなら、キミじゃなくてもいい！」

「一緒に会社を経営していきたいんだ」

「経営するには、利益をださなければならない」と。

ですから、「なぜ、私が」とは思いませんでした。

でも、このことがなかったら今の私もないわけで、本当に大きな転機となりました。


運行管理者の資格を取得するには、まず事業用自動車の運行管理に関する1年以上の実務経験が必要になりますが、実務経験のない人でも講習を3日間受ければ資格取得のための試験を受験することができます。

合格しなければ主人は運送会社を開業できませんし、次に進むこともできません。社運が私の肩にかかりました。

それから3か月間、昼夜問わず勉強づけの毎日です。受験参考書との格闘に明け暮れ、会社公認で勤務時間中も勉強です。一生涯でこれほど勉強したことはありません。いわば業務命令ですから当たり前といえば当たり前のことですが、社運がかかっているだけに、人には言えないくらい必死でした。

２００8年8月、合格。主人が食事会を開いてくれ、「よく頑張った。たいしたもんだ」と、労をねぎらってくれました。

この時、社員が10人ほどいましたが、彼ら10人の運命を私が握っていたんだなと思うと、今さらながら感慨深いものがあります。

プレッシャーはありましたが、嫌ではありませんでした。「運送会社の経営」という主人の夢を叶えさせたいという明確な目標があったからでしょうか。

結局、私自身の人生の分岐点もこの年（２００８年）でした。これを境に、私の人生はガラッと変わります。これまでマイナス思考に傾きがちだった私の性格も、この資格取得で一気に変わりました。

「ようやく私にも人に価値が提供できるようになったんだな」と。

運送会社を立ち上げるための準備を進めていた主人が２００8年10月、陸運局に認可を申請し、すぐに「一般貨物自動車運送事業」の認可がおりました。

いよいよ運送会社のスタートです。

■ パソコンを駆使して情報収集の毎日

農業ハウスの施工全般（施工および農業資材の配送）から専業の運送会社へと業態変更を実現しましたが、次なる大きな難問が待ち構えていました。いかにして取引先（荷主）を確保するか ― です。

運送会社の仕事は、荷物をある場所からある場所へ運ぶことですが、その仕事を依頼してくれる取引先（荷主）がいなければ成り立ちません。

会社の中で唯一、それなりにパソコンが使えるようになっていた私は、パソコン検索で「荷主」とか「売上げ」など、運送会社に関係すると思われるあらゆるキーワードを打ちこみ、荷主の獲得や売上げ増につながるヒントを探しまわりました。

検索では運送会社の紹介や関連情報らしきものは出てくるものの、私が欲しい内容が載った頁がひっかかりません。たいていが運送会社自身の会社説明ばかりで、どれもピンときません。

それでもあきらめず、検索を続けました。そんなある日、運送業を専門とするコンサルタントのホームページが私の目を釘づけにしました。

「これ、面白そう」

何か感じるものがありました。

当時、ホームページ（ＨＰ）を持っている運送会社は大手を除けば非常に少ない状況でした。中小規模の運送会社にいたっては、ＨＰによるインターネット情報発信という感覚すらなかったと思います。また、運送業を専門とするコンサルタントの方がこの世の中に存在することすらしらず、しかもＨＰがあることにも驚きました。

ヒントになることが何か書いてあるかもしれない——。

食い入るようにそのＨＰを最初から最後まで一字一句、何度も読み返し、大事なこと、役にたちそうなことをひとつでも手にしようと必死でした。そこには、連絡すれば無料冊子を提供してくれることも書いてあります。

さっそくメールしてその冊子を取りよせ、読んでみました。開催されている有料セミナー紹介などの資料も同封されていました。

説明を読むと、そのセミナーが主眼とするのはダイレクト・レスポンス・マーケティング（ＤＲＭ）に関するもので、「運送会社はＤＲＭを活用して荷主を見つけよう」というものでした。

■ DRMを学ぶ

ＤＲＭとは、字のごとく、直接的な反応を促すことを視野に入れたマーケティングの手法のことです。わかりやすく言えば、相手に情報を伝え、相手がその情報の発信元に問い合わせをしたくなるように仕かけることです。一方的に情報を相手に伝える広告とは違い、ＤＲＭは営業活動の要素が入ったものです。

私も、会社の情報を発信することによって、今後取引先（荷主）になる可能性の高い方々から問い合わせがくるように仕向けたい。この方法で営業活動ができれば、と思いました。このＤＲＭをしっかりと身につけて、会社の売上げ増に貢献したいという気持ちが芽生えます。

このセミナーに参加すればそのノウハウが身につくことがたくさん書いてあります。インターネットでは具体的に指導してくれるわけではありませんし、私の周囲でも教えてくれる人は誰もいません。

何度も見ては横におき、また手にしては読む。この繰り返しです。しばらくはそのまま机の横においておくだけでしたが、後悔したくない、という思いが募り、意を決して参加することにしました。

当時の私は会社での役職もなく、名刺すらありませんでした。セミナー参加が決まって、あわてて名刺をつくり、ドキドキしながらセミナー会場に入りました。

それまで私は名刺交換なんてしたこともなく、会場を見渡すと運送会社の経営者ばかりが参加していました。

「何だか、場違いなところにきてしまった」と少し後悔しましたが、セミナーで講師のいろいろな話を聞くうちに、「私にもできそうなことがありそうだ。いや、必ずある」という印象をうけました。

２０１０年夏のことです。

実は、これはまだ入り口に過ぎません。

このセミナーからさらに専門性を高めた学びの場（グループコンサルティングのセミナー）への階段が用意されていました。

私は最初のセミナーで好印象をもち、機会があればもっと専門的に学びたいと考えるようになっていましたので、ぜひここで学びたいと考えました。

直に講師とやりとりできる場に参加することで深く学べると思ったからです。

■プレスリリースが私をとりこにした

このグループコンサルティングの場でＤＲＭについて学んでいくなかに、その一部としてプレスリリースについて机上で学ぶ時間がありました。しかし、この時点ではまだ導入部のような内容だったので、話を聞いてもなかなか身が入りません。

そもそも、ざっと聞いたところ、荷主獲得にどうつながっているのかもよく分からず、メディアという遠い存在に働きかけるということもあって、すごく難しく感じました。

多くの時間と労力をつかってプレスリリースを学ぶのはちょっと私には無理かな、ウチの会社とは無縁の話のような気もする――、そう思ったりもしました。

ところが、学び始めてから2か月ほど経った頃、何とか自分が納得できるプレスリリースをつくることができ、初めての試みだったにもかかわらず、これにより新聞掲載が実現しました。２０１１年9月のこと（12ページ参照）です。

さらに、プレスリリースを実践していくうちに、プレスリリースはこれから取引先（荷主）を獲得するための営業活動のツール、予算をかけずに世間にアピールできる絶好の方法であることがはっきりと私にもわかってきたからです。

わが社のようにこれから新規の取引先（荷主）を開拓しなければならないような会社には、プレスリリースを使えるようになることが先決だと、私なりの結論に至ったのです。

「プレスリリースはすばらしい!!　このプレスリリースをうまく活用して会社の知名度が上がれば、荷主獲得にプラスになるし、売上げ増につながるのではないか。これを私の武器にしよう」

そう思った瞬間、私の中で「プレスリリースとともに歩もう」という決心が生まれ、これ以降、私はプレスリリースのとりこになったのでした。

こうして、今の私が生まれたのです。

第8章

小企業のためのプレスリリースの伝道師へ

■ プレスリリースの代行業をはじめる

プレスリリース制作の技術は日々磨かなければ劣化します。料理人や大工さんなど職人の世界でもそうだと思いますが、日々の精進は絶対に欠かせません。サボると技量がいつの間にかサビつきます。

私はそういう状況になるのだけは避けたいと思い、常に向上心をもって新しいことへのチェレンジに努めています。

これまで会社の売上げ増のためだけを考えてプレスリリースづくりをしてきましたが、わが社の記事掲載の実績を見た取引先や知り合いの方々から「プレスリリースのつくり方を教えて欲しい」という依頼がくるようになりました。

最近、お手伝いしたプレスリリース代行例としては、株式会社多摩中日運輸（東京）、Ｃａｒｒｙ（＝キャリー、静岡県）、有限会社鶴田（東京都）などがあります。

3社のご了解のもとに、ここにプレスリリース代行の内容と掲載された新聞記事をご紹介します。

２０１５年1月2

[redacted]新聞社　御中

ご担当者様

有限会社鶴田
東京都あきる野市瀬戸岡 225-5

ＴＥＬ042-533-2328

取材担当者：田口典子
（たぐちのりこ）

報道用資料

足湯機を利用し、リラックスした状態でミィーティングしています。

東京都あきるの市で運送会社をしています。有限会社鶴田の田口と申します。
現在弊社では、足湯機を利用して１日の疲れを解きほぐした状態で、ミーティングをしています。足湯機を利用しようとしたきっかけは、自分で使っていて、とてもリラックスできたので、1日ハンドルを握って疲れて帰ってくるドライバーに、この足湯機でリラックスしてもらいたいと思ったからです。ドライバーが足を温めている間に、次の日の連絡事項などを伝えています。
昨年の１０月ごろから利用していますが、ドライバーはとても気に入ってくれています。最近では、内臓を温めるといわれている「よもぎ蒸し」も好評です。
リラックスができるので、ミーティング時も落ち着いた状態で話も弾み、次の日の業務にも頑張ってもらう事ができています。

[redacted]新聞社　　ご担当者様
この情報を、全国の運送会社に伝えて役立ててほしいと考えていますので、ぜひ取材にいらして下さい。

有限会社鶴田
東京都あきる野市瀬戸岡 225-5

ＴＥＬ042-533-2328

取材担当者：田口典子
（たぐちのりこ）

２０１５年1月１４日

[redacted]新聞社　御中

ご担当者様

株式会社多摩中日運輸
東京都東大和市中央１－５９８－５
ＴＥＬ　０４２－５６５－３８０１
取材担当者：荒川隆義
（あらかわたかよし）

報道用資料

女性ドライバーが多数活躍しています

東京都東大和で運送会社をしています。多摩中日運輸の荒川と申します。
昨年から、トラガール促進プロジェクトが発足し、運送業界全体で女性ドライバーにスポットが集まるようになりました。
当社では現在、女性ドライバーが正社員１名とアルバイト５名と多数活躍しています。乗車している車は１トンのバンを中心に、１日８０ｋｍ～１００ｋｍの走行をしています。女性ならではのきめ細やかな配送で、配送先のお客様にも好評を得ています。
女性が多いので、社内も活気が出て社内全体がなごやかな雰囲気の中で働くことができていることも特徴です。
また、勤続年数も長く、働きやすい環境を整えています。ドライバー採用時には、男女問わずという条件で募集をしているので、女性の方のからの応募が多く集まります。
今後も、もっと女性が活躍できる会社にしていきたいと思っています。

[redacted]新聞社　　ご担当者様
この情報を、全国の運送会社に伝えて役立ててほしいと考えていますので、ぜひ取材にいらして下さい。

株式会社多摩中日運輸
東京都東大和市中央１－５９８－５
ＴＥＬ　０４２－５６５－３８０１
取材担当者：荒川隆義
（あらかわたかよし）

２０１５年1月１９日

[redacted]新聞社　御中

[redacted]様

Ｃａｒｒｙ（きゃりー）
静岡県田方郡函南町上沢 75-2

ＴＥＬ055-919-1352

取材担当者：金子一義
（かねこかずよし）

報道用資料

トラックドライバーから軽貨物運送で開業しました。

静岡県で運送会社をしています。Ｃａｒｒｙ（きゃりー）の金子と申します。
弊社は平成 25 年 5 月に設立し、軽貨物を中心として営業しています。従業員は、私と妻で配送を担当し、娘が事務員と家族経営です。以前は別の運送会社でトレーラーに乗務していましたが、会社の事情で現在の軽貨物での開業に至りました。
妻も以前は、トラックドライバーとして働いていましたので、その経験も活かして夫婦二人三脚でハンドルを握っています。
お客様と協力会社とのいいご縁があり、仕事も軌道に乗っています。今は地場を中心として配送していますが、もっと外へ向け広範囲に営業できるように、協力会社と手を取り合いながら、良きライバルでもあり、お互い助け合う仲間として輪を広げていきたいと思います。

取材ご担当者様
この情報を、全国の運送会社に伝えて役立ててほしいと考えていますので、ぜひ取材にいらして下さい。

Ｃａｒｒｙ
静岡県田方郡函南町上沢 75-2

ＴＥＬ055-919-1352

取材担当者：金子一義
（かねこかずよし）

鶴田

「足湯」でリラックス

ドライバーの疲労軽減

【東京】鶴田（田口典子社長、東京都あきる野市）では、観光地などで人気の「足湯」を利用し、ドライバーの疲労軽減とコミュニケーション促進を図っている。

2014年10月から市販の足湯機を4台導入。一日の業務を終えて帰社したドライバーが利用する。足湯は、服を脱がずに温泉を楽しめることから、観光地でよく見られる。体温を上昇させ血行を促進し、疲労軽減や体の老廃物除去に半身浴並みの効果があると言われ、手軽な健康法として人気がある。

足湯機で疲労を取り除く田口社長（左）とドライバー

田口社長（46）が冷え性対策で自宅に購入したのが、そもそものきっかけ。「思っていたより効果がある」と会社での導入を決めた。今では、足湯でリラックスしながら、ドライバーと翌日のミーティングを開いている。

エアサス・ゲート付きの4㌧ウイングトラックなど6台を保有し、精密部品のほか、自動車タイヤの配送を関東一円で手掛ける。タイヤは手積み手下ろしが基本で、肉体的負担も大きい。ドライバーからは「体が暖まり、やる気が無くなるぐらいに気持ちがいい」「疲労軽減に効果がある」と好評だ。

田口氏は昨年2月に社長に就任したばかり。「結婚を機に一度、この業界を離れ、父である先代社長の退任と同時に戻ってきた。10年以上のブランクだが、昔に比べ、燃料が高くなり、コンプライアンス（法令順守）も更に厳しい。ドライバーのストレスは多いが、少しでも負担を軽くしてあげたい」と話す。（佐々木健）

物流ニッポン（2015年2月26日）掲載

多摩中日運輸

主婦中心 女性が戦力

社内に活気と和やかさ
シフト変更「助け合い」

【東京】多摩中日運輸（荒川隆義社長、東京都東大和市）では10年以上前から、女性ドライバーの採用を進めている。アルバイトを含めドライバーは25人いるが、4分の1を女性が占める。

家庭と両立できる環境を提供。10年以上のベテランも多い

新聞輸送がメーンで、印刷工場から多摩地域の配達店への配送を手掛ける。車両は女性でも運転しやすい小型車が多く、バン11両、2㌧トラック4両のほかに軽トラックを保有。特に、バンタイプは「輸送する新聞を大切に運びたい」と、新聞輸送で中心的なほろタイプからいち早く切り替えた。

荒川社長（37）は「新聞の輸送は、朝刊は夜から深夜、夕刊は朝から昼過ぎになる。夕刊配送で女性に活躍してもらっているが、朝9時半に出て、午後2時には業務は終わる。家庭と両立でき、女性には働きやすい職場だろう」と話す。

朝刊配送と違い、夕刊配送では輸送量が少ないため、女性でも運びやすい。求人広告は昔から「1～2㌧、男女募集」としていたが、女性採用を促すため、「1㌧バン」と車種の記載を改めた。荷物を新聞と明記し、車両や業務風景の写真を入れ、女性でも活躍できる職場だとアピールしている。

勤務時間から、主婦採用を想定。各家庭の事情を優先して出勤日は細かく調整している。少ない人は週2日、多ければ週5日出るが、子供の急病などのシフト変更にも柔軟に対応する。女性陣は勤続10年のベテランが半数を占め、急なシフト変更やトラブル時も、仲間同士で自主的に調整し合う。

女性採用に本格的に取り組むようになった10年前に、荒川氏は入社した。「主婦というと、指示待ちのイメージを持っていたが、当社には行動的な女性が多く、運行・労務管理を担当していた時には、何度も助けられた。女性は戦力になる」と強調。「男性ドライバー中心の職場より、社内に活気と和やかさも出る」と明かす。

現在、女性ドライバーはアルバイト5人のほか、正社員が1人。正社員にした女性は交通事故はもちろん、荷物事故も無いことを評価し、6年前に契約社員からステップアップしてもらった。

今後の方針について、荒川氏は「新聞輸送は時間が限られているので、空いている時間を有効に活用できないか考えている。軸は女性ドライバーになるだろう」と話す。（佐々木健）

物流ニッポン（2015年2月19日）掲載

固いグループの結束

「人とのつながり」大切に

carryグループ
金子一義代表

「人との縁が一番大事」と笑顔で話すのは、軽貨物運送をメーンに展開しているcarryグループ（静岡県田方郡）の金子一義代表。屈託のない笑顔と実直な性格で、取引先や仲間から信頼されている人物だ。

そして、金子代表を支えるのが奥様のしのぶさん。自ら大型ドライバーとしてハンドルを握っていた経験を生かし、配送はもちろん営業の面でもサポート。現在、夫婦二人三脚で奮闘している。

同社は平成25年5月に設立。金子代表は別の運送会社でトレーラーに乗務するなど、長年、運送業界に身を投じてきた。景気の動向や将来の展望を見据えて会社の設立に至り、お互いのトラックドライバーとして培ってきた経験、人脈をフルに生かし、チャーター便・先導・運転代行・各種作業まで対応している。

金子代表の冒頭の言葉通り、同社の強みは「人とのつながり」だ。チャーター便だけに依存することなく、これまでの経験で築いてきた人脈や信用で、直接取引も積極的に増やしている。金子代表は「直に仕事に結び付くことでなくても、色々な人と関係性を築くことが大事。何かあった時に私の顔を思い出してくれれば、それが仕事につながってくる」と話し、協力会社との関係性についても「業界にある多層構造ではなく横につながる関係で、仕事をまわしたり、逆にまわしてもらったりと、お互いが利益を共有する関係でなければならない」とグループの結束も固い。

金子代表は「carryグループとして、安全・安心の配送で信頼される会社を目指していきたい」と力強く語る。（伊藤行理・北村智子）

物流ウィークリー（2015年2月23日）掲載

多摩中日運輸は女性ドライバー採用の取り組みをアピールしていますが、女性ドライバーにスポットをあてたという点がよかったと思います。多摩中日運輸ではプレスリリース化して送った2週間後には取材を受け、その翌週には新聞記事として大きく取りあげてもらうことができました。

Ｃａｒｒｙは軽貨物運送の開業、鶴田は足湯機をつかったミーティングの実施、というテーマでプレスリリース化しました。2社とも新聞社の反応がよく、取材が実現しました。

この3枚のプレスリリースを読んでいただければ、これらの会社がどんなことに挑戦しているのかがこの文章だけでもわかります。元気で働いている女性ドライバー、独立・開業、ユニークなミーティング、どれも面白いネタです。新聞社が取材してみたくなる内容になっています。

どんな小さな会社でも、探せばいろいろ面白いトピックがあるものです。

また、一番直近の例としてフジコン（愛知県）のプレスリリース代行があります。

フジコンは私が主催するセミナーに参加してくれましたが、そこでプレスリリース制作に取り組んだ結果、社長と従業員紹介の記事が物流ウィークリー紙（２０１５年7月20日と7月27日）に２週続けて掲載されました。

■どうやってプレスリリース代行するのか

プレスリリース代行は、依頼主の企業に成り代わってプレスリリースをつくることです。その依頼企業のことをわかってなければプレスリリース代行はできません。

代行業の手順を少しご紹介します。

企業からプレスリリース代行を依頼されると、まず、事前に10項目以上の質問を設定し、メールで問い合わせします。そのあと、電話でもヒアリングします。メールと電話でプレスリリースに載せたい内容を何度も確認します。

参考までに、相手が運送会社であれば以下のような質問を送り、代行内容の把握に努めています。依頼企業の業種によっては、質問項目を変えます。

【運送会社の場合の質問事項】

〈1〉現在、安全への取り組みをしていますか。取り組みをしている場合は具体例を記入してください。

〈2〉エコドライブについて取り組んでいることはありますか。取り組んでいる場合は具体例を記入してください。

〈3〉業務改善でうまくいったこと、または実行中のことはありますか。ある場合は具体例を記入してください。

〈4〉運送会社を経営されていて、「運送会社をやっていてよかった」と思われたことは何ですか。

〈5〉同業者で尊敬している会社や経営者はいますか。

〈6〉従業員とのコミュニケーションを図るために、社内イベントなどはありますか。

〈7〉会社のユニフォームで工夫していることや、こだわりがあれば教えてください。

〈8〉特別の取り組みで売上げがあがった、あるいは改善したことはありますか。過去の実績でも、現在取り組み中のものでも構いません。

〈9〉事務員やドライバーなどで女性の従業員が働いていますか。

〈10〉会社のホープとなるようなドライバーはいますか。また、どんなところが優れていますか。
〈11〉ニュースレターを発行していますか。
〈12〉取引先の声（意見や感想など）を集めていますか。
〈13〉あなたの会社の宝物は何ですか。
〈14〉ネタになると密かに思っていることはありますか。

質問に対する紙面回答や電話によるヒヤリングで集めたデータをもとにプレスリリース化の作業に入ります。収集した内容をすべて織り込むと字数が多くなるので、コンパクトにまとめることに努めます。

ちなみに、どのような回答が私のところに集まり、それをどのようにまとめるか、具体例として、A〜Dの4社の例を上げ、そのポイントをご紹介します。

A社のプレスリリースをつくるときには、以下のような点に気をつけました。
トピックのネタは女性ドライバーです。A社は、「トラックの運転が大好きな女性ドライバーが在籍していている。彼女はトラックの運転が大好きで、男性にも負けない運転技術の持ち主。荷主からの信頼がとても厚い。小学生の子供がいるため、子育てをしながら仕事ができるように働きやすい会社を目指している」という点に着目しました。

トラック業界では女性の活躍を推進しているので、このネタでプレスリリースを作成すれば反応があると思いました。

B社は、「事務員は妻。女性ドライバー、社員1名、アルバイト5名が活躍中。女性が多く活躍し、働きやすい環境を整えている。女性が多いため、職場も和やかな雰囲気で働ける環境にある」という内容だったので、A社と同じような形を考えました。また、A社と同様に、女性の活躍を推進しているトラック業界のことを念頭においてプレスリリースづくりに取り組みました。

C社は、「宝物としては家族、会社、同業の仲間、取引先、そして経営者の人徳。協力会社も多くなり、口コミによって取引先も増えている。さらなる輪を広げていきたい」という独立に向けた抱負に期待感があり、それを誠実に反映させる内容のプレスリリースにしました。

伊藤ハウス

新団体を発足

業績アップをサポート

伊藤佳恵代表理事

【愛知】伊藤ハウス（伊藤和年社長、田原市）の伊藤佳恵部長がこのほど、「一般社団法人全日本運送業マスコミ活用戦略経営推進協議会」を発足させた。

主な事業内容は①メディアに対してのプレスリリース代行業②売り上げ拡大の教材販売――などである。

伊藤佳恵代表理事は「今まで、会社の業績を上げるために実践してきたことを皆様にお伝えし、役立ててもらいたいとの思いで設立した。小さな会社でも様々な工夫をすることで業績アップを図ることができる」と設立の経緯を語った。

今後は、ホームページなども作成し、運送業だけに留まらず、異業種にも幅を広げていく方針。（伊藤行理）

（レイアウト・石津あや子）

物流ウィークリー（2014年12月15日）掲載

D社は、「足湯機でリラックスしながらミーティングを考案。内臓を温めるよもぎ蒸しも好評。自分用で使っていたバケツ型の足湯機を、疲れて帰ってくるドライバーにも喜んでもらおうと、会社に2台導入。リラックスしながらミーティングすると、話もはずむ」というユニークな取り組みについてのネタは面白く、これは絶対ウケると思い、プレスリリースをつくりました。

ヒヤリングからプレスリリース制作までの期間はそれなりに苦労しますが、掲載されたら本当に嬉しい。楽々とつくっているわけではないので、自分の会社が掲載されたときと同じくらい嬉しいものです。

ただし、気をつけなければならないこともあります。

自分のことや自分の会社であればすべてのことを知っていますので、プレスリリースに書く内容や取材を受けたときの答え方などは万全です。しかし、代行する会社のことは一から十まで知っているわけではありません。その会社の従業員ではないので、知らない情報もあります。

それでも、プレスリリースに取りあげたいトピックに関する情報だけはすべて集めなければなりません。そこがポイントです。

以前、手伝ったプレスリリース制作案件の中で、新聞社に送ったプレスリリース内容と実際に新聞記事として掲載された内容が違っているものがありました。

プレスリリース代行では、新聞社に情報を送ったあとの取材対応から、記事掲載にいたる過程、その後のフォローアップまでその会社を最後まで見守る必要があると感じています。

■プレスリリースを活用する社団法人の設立

数多くのプレスリリース制作の経験を積み、プレスリリースの代行もスタートさせていた私は、プレスリリースの専門組織を立ち上げる決心をします。

プレスリリースを活用して活躍できる場を求めていた私が本気で新しい組織を立ち上げようと思ったのは２０１４年初秋の頃です。思い立ったが吉日です。

２０１４年11月、「一般社団法人 全日本運送業マスコミ活用戦略経営推進協議会」を立ちあげ、私が代表理事に就きました。

このときの記事は２０１４年12月15日の物流ウィークリー紙に掲載されています。

ネット時代の今、検索でヒットしなければこの新組織の広がりも見込めません。そこで、ネットで探している方々（会社、個人）の興味をわが組織に引き寄せるために、すべてのキーワードを入れることにしました。その際、私が目指している業務の方向性がすぐにわかるような名称にしました。

対象地域は「全日本」、業種は「運送業」、ツールは「マスコミ活用戦略」、行動目的は「経営推進」、これらを目指すための「協議会」ということで、「全日本運送業マスコミ活用戦略経営推進協議会」となりました。

法人名が長いとなかなか覚えてもらえないため、略称は「運送業マスコミ推進協議会」です。

新聞社からも新組織立ち上げと名称について質問を受けましたが、前述のような理由を説明すると、「なるほど。これまでの実績からするとよくわかります」とすぐに理解していただけました。新組織立ち上げの唐突感はなかったようです。

運送業マスコミ推進協議会はプレスリリースの有効活用についての手法を世の中に広めるために設立したものです。そのため、業務内容はマスコミ向けプレスリリースの代行、会社売上げ増のための教材販売を当面の２本柱としました。

運送業マスコミ推進協議会は一般社団法人です。

プレスリリース代行を依頼する会社にとっては、株式会社よりも社団法人のほうが依頼しやすいイメージがあると思ったからです。

と言っても、現状ではまだプレスリリースの代行先は運送会社が多いのですが、少しずつ他業界にも積極的に広げていく予定です。

例えば、運送会社とは密接な関係にある建設・資材関連の会社、さらには個人事業としての大工さんにまで広げられます。こうした分野はプレスリリースの必要性がこれまでなかった分野だったと思います。

飲食業界もプレスリリース代行先の有力な取引先候補です。ネット社会隆盛の時代にもかかわらず、飲食業の方々は自ら情報発信する機会に恵まれていないように感じます。情報発信の仕方がわからず、宣伝の仕方が上手でない人もいます。
そこに私の出番があると推察しています。

プレスリリース代行の場合は、プレスリリース制作は私が責任もってやりますが、発信元と連絡先は代行を依頼した企業の名称を使います。代行する私の名前や法人名はプレスリリースのなかには入りません。

ただし、新聞社などからプレスリリースの内容について問い合わせがあり、その企業がうまく対応できないときはすぐにも私のところに連絡がくることになっています。

プレスリリース制作だけを代行するのではなく、マスコミ活用全般に関わるものであれば、代行業の業務の一環として万全の対応に努めます。

プレスリリース代行を依頼してくれる企業は日本全国が対象です。声がかかれば、私は北は北海道から、南は九州・沖縄までどこにでもいく準備はできています。

■運送業マスコミ推進協議会が目指すのは

小規模の運送会社はプレスリリースの効用についての理解が浸透していません。まず、経営者の多くがプレスリリースとはどういうものか、何に役立つのか、どうすればつくれるのか——などについての理解が不足しています。

そこで、私は運送業マスコミ推進協議会の設立をきっかけに、セミナーを主催して、プレスリリース講座をスタートさせました。

そこに集まっていただいた運送会社の方々（経営者や従業員、広報担当者）を前にして、プレスリリースの「いろは」を解説する場を設定したのです。

セミナーでは、プレスリリース制作の実例と、それが新聞掲載にいたる過程までを細かく説明することで、参加者にプレスリリース制作への勇気を与えたいという気持ちでセミナーに臨んでいます。

運送業マスコミ推進協議会では、ほかにも教材販売を行っています。教材は、私がこれまで培ってきたプレスリリース制作のノウハウとその活用方法が詰めこまれています。

講演や執筆活動、コンサルタント業務なども行っています。

講演や執筆のテーマはもちろんプレスリリース制作に関するものです。

コンサルも年間契約で行います。1回だけのコンサルでは成果が得られにくいこともあります。やはりじっくりとプレスリリースのすべてを伝授するには1年くらいはかかります。


プレスリリース代行、セミナー開催、教材販売、講演、コンサルなど一連の業務はそれぞれが独立したものでありながら、密接に絡《から》み合っています。つまり、すべてが関係性のある事業という位置づけです。

運送業マスコミ推進協議会は、組織の規模を大きくすることは意図としていません。組織の規模拡大よりも、「会員」が増えることに主眼をおいています。会員には、無料登録できる会員と、特定サービスが提供できる有料会員という2段階の「会員制」を設け、無料会員と有料会員の間をつなぐ有機的な催しものなども企画し、相互の交流が図れるようにします。

こうした取り組みを充実させ、運送業マスコミ経営協議会は、より多くの人にプレスリリースのすごさをお伝えしていきたいと思います。

■1泊2日宿泊型セミナーの成果

この夏、1泊2日の宿泊型セミナー「プレスリリース道場」を実施しました。実践の時間を多く取りいれたスケジュールが特徴です。宿泊型であれば通常のセミナーよりも時間が多く確保できます。しかも寝食を共にするわけですから、密度の濃いセミナーとなります。

クローズド（非公開）されたセミナーなので、詳しくはここで書けませんが、少しだけ当日の模様をご紹介します。

セミナーの開催は午後1時半にはじまりました。

宿泊型といっても、夜の8時や9時に終了し、あとは楽しくおしゃべりでも……なんて、楽しいセミナーではありません。目的が達成するまで終わることができないセミナー構成にしました。

初日が終わったのは真夜中の2時半頃です。食事（夕食）や休憩をはさんで12時間のハードスケジュールです。

翌2日目は朝9時にスタートして、お昼前の11時には終了しました。

このセミナーに参加してくれた人の目標として、「プレスリリースを書き上げること」を課しました。書き上げるまではセミナーは終わりません。目標達成に向かって強い意志のもとに実施しました。

1人が書き上げなければならないのはA4紙で1枚でしたが、結果的には参加者一人あたり平均3枚のプレスリリースが完成しました。

プレスリリースは新聞社という文字の世界ではプロフェッショナルな人たちが読むのです。読む側はA4紙1枚のプレスリリースだけで取材する価値のあるものかどうかをすばやく判断します。

書く側（プレスリリース制作の当事者）は、「こういうネタであれば新聞社はきっと取りあげてくれるだろう」と、勝手に思いがちですが、そうではありません。

中途半端な表現であれば突っ込まれるし、あるいは読んでいる途中であきれられ、破棄されてしまいます。

今回のセミナーで参加者は自分を追い込むように課題と格闘しました。

主催する側と参加する側、ともに獲得目標をハッキリさせたセミナーで、しかもハードスケジュール。参加者は2日目のセミナーが終了すると、「自分を出し切った」達成感に満ちていました。顔には涙も流れていました。

主催する私も全力で参加者の努力を支えました。

1日2日の宿泊型セミナーが獲得した成果は大きかったと思います。これからもこれに類するような各種セミナーを企画していきたいと考えています。

■ プレスリリースは新段階へと飛躍

運送業界では私のようにプレスリリース代行を手がけている人はいません。かなりユニークな活動だと自負しています。

それだけに、先頭を走る辛さもあります。

昔から広告代理店やPR会社がプレスリリースやニュースレターを代行している

ケースがありますが、かなり高額の費用がかかります。大企業は別として、とても小規模企業や個人事業主が払える金額ではありません。

私はそうした広告代理店やＰＲ会社と競争しようとは思っていません。私を必要としてくれる小規模企業や個人事業主のために頑張りたい。そして、そういう方々のための「プレスリリース伝道師」になりたいと思っています。

小規模企業とは、１人でやっている大工さんのような個人事業主から、20人くらいまでの規模の会社です。

小規模企業や個人事業主はネット環境が乏しく、ＩＴ投資をやろうという気持ちも少ないため、取引関係を自ら狭めていると感じます。そういう会社にこそプレスリリースの活用が必要なのです。

少ないコストで広い世界とつながることができるプレスリリース、私がその「橋渡し」役を務めさせていただこうと思っています。

あとがき

主人が運送会社を立ち上げたとき、主人も私もまったく人脈がありませんでした。運送会社は荷主（お客さん）がいてこそできる仕事です。でも、その売上げのもとになる荷主をどう獲得すればいいのか、それがわかりません。

それまで2人とも営業活動などはやったことがなく、すべてがゼロからのスタートでした。

私は入社するまで会社勤めをしたこともなく、電話番さえろくろくできないあり様でした。運送業界のことは右も左もわからない状態で、問い合わせが入っても、運送業界の専門用語が理解できず、電話の前で固まってしまい、電話の相手からキツイ言葉を浴びせられたことが何度もありました。

今でこそセミナーなどで大勢の人たちを前に堂々とお話ししていますが、以前の私は、人のうしろに隠れているような引っ込み思案の性格でした。

自分を変えなければと思った直接のきっかけは、第7章でも書いているように、「運行管理者資格をとってくれ」との主人の一言でした。これが私の人生を大きく変えます。

それからというもの、私の頭の中は「会社の売上げを伸ばすために、私は何をすべきか」を考えることでいっぱいになりました。

そして、さらにプレスリリースというものに出会ったことによって、私の人生は次なるステージへ進みました。

プレスリリースを自社の売上げ増に使った経験、ノウハウを元にプレスリリース技術を他人に提供することを考え、社団法人を足場にして小規模企業・個人事業主のためのプレスリリース伝道師になる、ということまで決断してしまったのです。

以前の私からすると、まるで別人です。

「卵を割らなければ、オムレツはつくれない」

フランスのことわざです。

「冒険なしに、結果を得ることはできない」「何事も行動を起こさなければ前には進めない」という意味です。

おいしいオムレツを食べるためには、まず、卵を割る必要があります。そうでなければどんなオムレツもつくれません。知識をためこむだけで終わるのではなく、もう一歩先にある「行動」があなたの人生を変えることにつながるのです。

実践することが大切です。そのとき、忘れてならないのは、一度や二度の失敗はあたり前という気持ちで、何度でも挑戦し続けることです。

「最初からうまくいく」と思い込んでいると、うまくいかなかったときの落胆も大きくなります。はじめから成功するほど、世の中は甘くありません。

挑戦し続けることで成功が現実になるのです。

あなたの会社が新聞に掲載され、知名度があがり、直接的にも間接的にも売上げ増に貢献できる方法、それがこの本のタイトルでもある「プレスリリース」です。
この方法であれば、会社の規模や業種、人脈などは一切関係ありません。やり方さえわかれば、誰にでもできます。しかも、広告と違ってお金がかからないので、たとえ失敗しても失うものは何もありません。

この本は、まず中小運送会社の経営者の方々に読んでいただきたいと思っています。なぜなら、ほとんどの中小企業の経営者がプレスリリースの存在自体を知らないか、あるいは、大企業のためのものだと思っているのか、プレスリリースが少予算で会社の売上げ増に貢献できることを理解していないと感じているからです。
プレスリリースの活用が会社の売上げ増に貢献する、ということを経営者が理解していただければ、社内にプレスリリース制作の担当者を置くでしょうし、プレスリリースによる営業活動に、力を入れて取り組むはずです。そのことによって、会社全体のモチベーションもあがると信じています。

私自身、プレスリリースに出会ったことで、人生が大旋回し、ついにはプレスリリースのための社団法人までつくってしまいました。

プレスリリースの作り方については、この本で詳しくお伝えしていますので、実践していただければ、誰でもある程度までは出来るはずです。あとは実践を重ねていただくか、私が主催している実戦形式のセミナー等に参加していただければ、結果も付いてくるはずです。

プレスリリースを活用して会社の売上げを上げていきましょう。

プレスリリースづくりに携《たずさ》わるきっかけを与えていただいた高橋久美子先生（株式会社運送経営改善社代表）にはひとかたならぬお世話になりました。この場をお借りして御礼申し上げます。

２０１５年11月10日

伊藤佳恵

【著者略歴】

伊藤 佳恵（いとう よしえ）
一般社団法人全日本運送業マスコミ活用戦略経営推進協議会　代表理事
運送経営改善社認定運送経営改善士／プレスリリースアドバイザー

運送会社の社長の妻として会社の経営を支えるため、高橋久美子氏（運送経営改善社）に師事し、経営の勉強を開始。実践を重ね、大きく売上を上げることに成功する。

その活躍が認められ、運送経営改善社主催のアカデミー賞にて「優秀賞」、「女性企業家大賞」を受賞。2014年8月、運送経営改善社主催のアカデミー賞にて、業界新聞最大手の物流産業新聞社取締役より、「業界新聞社大賞」を受賞。

2014年11月、運送業がマスコミを活用して戦略的に経営していく方法を伝える「一般社団法人全日本運送業マスコミ活用戦略経営推進協議会」を設立し、代表理事に就任。

現在、自社が実践・成功したノウハウを活用し、全国の売上に悩む運送会社経営者を支援するため、セミナー開催や講演、プレスリリース代行、教材販売などを通して、日々活動中である。

10円で年商を2倍にする方法

2015年11月22日　初版発行

著者©　伊藤佳恵
発行者　亀岡亮介
発売元　星雲社
〒112-0012 東京都文京区大塚3丁目21-10
電話　03-3947-1021／FAX　03-3947-1617
カバーデザイン　池田太郎
印刷・製本　株式会社シナノ

発行所　Eveil〈株式会社 エベイユ〉
〒104-0061　東京都中央区銀座6-13-16　銀座Wallビル UCF 5階
Tel 03-5843-8142／Fax 03-6866-8656
http://eveil-jp.net

ISBN978-4-434-21411-0 C0034

ーエベイユ発行書籍の紹介ー

短期間で利益を上げる！

飯尾栄治著

２年で利益が 2.5 倍

社員が喜んで働き出す社長の会話術

■定価 1500円＋税

社長のコミュニケーションで会社が変わる！ 社員が変わる！

新社長に代替わりして２年、２年の間に、社員・社外とのコミュニケーションを中心に改革することで、利益が２．５倍になった！

生きる勇気、やり方を見つけられる本

重松 豊著

死ぬのは“復讐”した後で

～いじめられっ子への起業のススメ～

■定価 1500円＋税

学生時代、いじめられっ子だった著者が見つけた、
辛い中で生き抜く方法、自由になる生き方とは？

小学校、中学校と、学校でもいじめられ、家庭でもいじめられ、と居場所がなかった著者が見つけた、そんなつらい日々でも生き抜く方法とは、復讐だった。
自分が自由になり、楽しい人生を送ることが出来る復讐とは！?

行動できる！

高橋久美子著

運送会社経営完全バイブル

～トラック 20 台以下の運送会社が少予算で売り上げを上げる方法～

■定価 4800円＋税

石坂浩二氏大絶賛！

> **何ページでもいいので、開いてみてください。**
> **この本はただの運送屋さんの話ではないことに気付くでしょう。**
> **これからの私の生き方を変える一冊です。**

物流ウィークリー紙の連載等でもお馴染みの、高橋久美子氏のノウハウが詰まった一冊。目先の悩みや不安を吹き飛ばすための「行動」をうながしてくれる。
この本を手に取った瞬間から、あなたの思い描く未来を手にすることができる！